世界哲學家叢書

費希特

洪漢鼎　著

1996

東大圖書公司印行

國立中央圖書館出版品預行編目資料

費希特／洪漢鼎著. -- 初版. -- 臺北
市：東大發行：三民總經銷，民84
面；　公分.--(世界哲學家
叢書)
參考書目：面
含索引
ISBN 957-19-1840-7（精裝）
ISBN 957-19-1841-5（平裝）

1.費希特 (Fichte, Johann Gottlieb, 1762-1814) —學術思想—哲學

147.47　　84013860

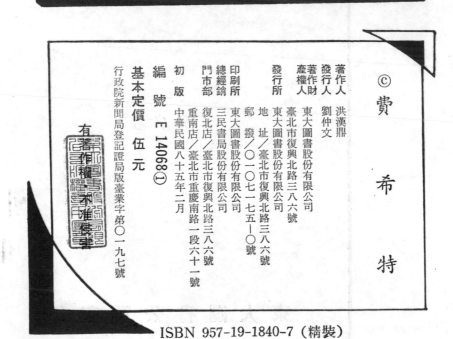

ⓒ 費　希　特

著作人　洪漢鼎
發行人　劉仲文
著作財產權人　東大圖書股份有限公司
臺北市復興北路三八六號
發行所　東大圖書股份有限公司
地　址／臺北市復興北路三八六號
郵　撥／〇一〇七一七五—〇號
印刷所　東大圖書股份有限公司
總經銷　三民書局股份有限公司
門市部　復北店／臺北市復興北路三八六號
重南店／臺北市重慶南路一段六十一號
初　版　中華民國八十五年二月
編　號　E 14068①
基本定價　伍　元
行政院新聞局登記證局版臺業字第〇一九七號

ISBN 957-19-1840-7（精裝）

「世界哲學家叢書」總序

本叢書的出版計畫原先出於三民書局董事長劉振强先生多年來的構想，曾先向政通提出，並希望我們兩人共同負責主編工作。一九八四年二月底，偉勳應邀訪問香港中文大學哲學系，三月中旬順道來臺，即與政通拜訪劉先生，在三民書局二樓辦公室商談有關叢書出版的初步計畫。我們十分贊同劉先生的構想，認為此套叢書（預計百册以上）如能順利完成，當是學術文化出版事業的一大創舉與突破，也就當場答應劉先生的誠懇邀請，共同擔任叢書主編。兩人私下也為叢書的計畫討論多次，擬定了「撰稿細則」，以求各書可循的統一規格，尤其在內容上特別要求各書必須包括 (1) 原哲學思想家的生平；(2) 時代背景與社會環境；(3) 思想傳承與改造；(4) 思想特徵及其獨創性；(5) 歷史地位；(6) 對後世的影響（包括歷代對他的評價），以及 (7) 思想的現代意義。

作為叢書主編，我們都了解到，以目前極有限的財源、人力與時間，要去完成多達三、四百册的大規模而齊全的叢書，根本是不可能的事。光就人力一點來說，少數教授學者由於個人的某些困難（如筆債太多之類），不克參加；因此我們曾對較有餘力的簽約作者，暗示過繼續邀請他們多撰一兩本書的可能性。遺憾的是，此刻在政治上整個中國仍然處於「一分為二」的艱苦狀態，加上馬列敎條的種種限制，我們不可能邀請大陸學者參與撰寫工作。不過到目前為止，我們已經獲得八十位以上海內外的學者精英全力支持，包括臺灣、香港、新加坡、澳洲、美國、西德與加拿大七個地區；難得的是，更包括了日本與大韓民國好多位名流學者加入叢書作者的陣容，增加不少叢書的國際光彩。韓國的國際退溪學會也在定期月刊《退溪學界消息》鄭重推薦叢書兩次，我們藉此機會表示謝意。

原則上，本叢書應該包括古今中外所有著名的哲學思想家，但是除了財源問題之外也有人才不足的實際困難。就西方哲學來說，一大半作者的專長與興趣都集中在現代哲學部門，反映著我們在近代哲學的專門人才不太充足。再就東方哲學而言，印度哲學部門很難找到適當的專家與作者；至於貫穿整個亞洲思想文化的佛敎部門，在中、韓兩國的佛敎思想家方面雖有十位左右的作者參加，日本佛敎與印度佛敎方面卻仍近乎空白。人才與作者最多的是在儒家思想家這個部門，包括中、韓、日三國的儒學發展在內，最能令人滿意。總之，我們尋找叢書作者所遭遇到的這些困難，對於我們有一學術研究的重要啓示（或不如說是警號）：我們在印度思想、日本佛敎以及西方哲學方面至今仍無高度的研究成果，我們必須早日設法彌補這些方面的人才缺失，以便提高我們的學術水平。相比之下，鄰邦日本一百多年來已造就了東西方哲學幾乎每一部門的專家學者，足資借鏡，有待我們迎頭趕上。

以儒、道、佛三家為主的中國哲學，可以說是傳統中國思想與文化的本有根基，有待我們經過一番批判的繼承與創造的發展，重新提高它在世界哲學應有的地位。為了解決此一時代課題，我們實有必要重新比較中國哲學與（包括西方與日、韓、印等東方國家在內的）外國哲學的優劣長短，從中設法開闢一條合乎未來中國所需求的哲學理路。我們衷心盼望，本叢書將有助於讀者對此時代課題的深切關注與反思，且有助於中外哲學之間更進一步的交流與會通。

最後，我們應該強調，中國目前雖仍處於「一分為二」的政治局面，但是海峽兩岸的每一知識分子都應具有「文化中國」的共識共認，為了祖國傳統思想與文化的繼往開來承擔一分責任，這也是我們主編《世界哲學家叢書》的一大旨趣。

傅偉勳　韋政通

一九八六年五月四日

自　序

余平生最喜愛兩位哲學家，一是斯賓諾莎，一是費布特。這兩位哲學家不僅以他們各自不同的富有特色的哲學體系為世界哲學史增添了光耀奪目的理論光彩，而且以他們各自不同的、甚而對立的生活之路為人類提供了寶貴的人生經驗。

斯賓諾莎的哲學體系是要我們超出自我、從全宇宙的立場來觀看世界，整個世界就如同一部受必然性支配的龐大自動機器，我們對於一切事物都必須從它們所隸屬的整體加以理解，即把任何事物都當作整個自然大法的一部分，把它們都看成那上起自時間開端、下止於時間盡頭的自然因果系統中的一環。反之，費布特的哲學體系卻是要我們從自我出發，從絕對自我的本原行動出發，把一切事物都看成絕對自我本原行動的產物。如果說斯賓諾莎的哲學體系是一種靜的客觀的自然系統，那麼費布特的哲學體系則是一種動的主觀的人為系統。這兩種系統在哲學的蒼穹中各展現其耀人奪目的光輝。

哲學如其人，在這兩位哲學家身上得到最完美的體現。斯賓諾莎在其二十四歲時經歷了人生最大悲劇之後，立即悟到人生的悲歡離合皆由自然的必然性所造成，我們無須悲哀和歡樂，我們須用內在的沉思和冷靜的理智克服被動的情感，使自己的心靈與整個大自然的秩序保持一致；反之，費布特在其充滿戲劇性風波的一生中堅決主張我們應當不斷地向外界擴展自己的精神力量，把外界一切只視為阻撓我們實現自己意志的障礙，他要求和召喚一種不斷向外進行鬥爭和創造的行動意志。如果說斯賓諾莎哲學的最根本概念是「內在的沉思」，那麼費布特哲學的最重要範疇則是「外在的行動」。對於斯賓諾莎來說，「那個能正確理解事物莫不出於神性的必然、莫不依自然的永恆律令而發生的人，事實上將必不會發現任何值得恨、笑或輕視的東西，也將必不會憐憫任何人，而只就人的德性之所能達到的力量，努力去做善事，也可以說，努力去求快樂」，「凡是一個可以真正認作智人的人，他的靈魂是不受激動的，而且依某種永恆的必然性能自知其自身，能知神，也能知物，他決不會停止存在，而且永遠享受著真正的靈魂的滿足」。反之，對於費布特來說，「我寄望於行動，行動也屬於使人類完善的計劃之列。站在那裡抱怨人類墮落而不動手去減少它，那是女人的態度；不告訴人們應該怎樣變得更好就進行懲罰和挖苦，那是不友好的態度。行動！行動！——這就是我們生存的目的」，「不僅要認識，而且要按照認識而行動，這就是你的使命。你在這裡生存，不是為了對你自己作無聊的冥想，或為了對虔誠感作深刻的思考——不，你在這裡生存，是為了行動，你的行動，也只有你的行動，才決定你的價值」。

這兩種世界觀和人生觀初看起來似乎是矛盾的，但如果我們從人生整個進程來看，這兩種世界觀和人生觀卻具有相互補充的作用。人生總是處於幸與不幸、順與逆不斷交替的過程中，當我們處於幸和順的時刻，我們須用費布特的精神，不斷向外擴張和發展自己，在這裡，天性萎縮、優柔寡斷、碌碌無為是最大的敵人；反之，在我們處於不幸和逆的境遇，我們就要用斯賓諾莎的精神，以內在的沉思和冷靜的反省，做到知神、知人和知自身，享受內在精神的最大滿足。我們生於世界，為了取得生存的權利，我們不斷要與外界進行鬥爭，與周圍環境、周圍人以及我們認為不合理的一切進行鬥爭，在這裡我們應當有一種費布特精神，堅強不屈、奮勇直前，甚而不顧一切，鋌而走險。當然，人生間許多事情是不能按自己的意願安排的，為此必然會給我們帶來更大的困境，此時我們就決不能悲天憫人，自暴自棄，心灰意懶、萎靡不振，相反，我們應當像斯賓諾莎那樣，不怨天，不尤人，透解人生，虛懷若谷。我自己數十年的生活經驗使我得出這一結論：我們只有不斷地根據自身所處的具體境遇，選擇不同的處世方劑，我們才能享足天年，怡然自樂。

從性格來說，費布特固執而急躁，斯賓諾莎謙虛而謹慎。這兩種性格，從表面上看來似乎也是矛盾的，但我認為真正的人性美卻應當是這兩種性格的結合——剛與柔的結合。光有固執而急躁的性格，固然於事於己都不好，但光有謙虛而謹慎的性格，在這世界就必然受欺。人生在世，不僅要取得自己生存的權利，而且更重要的是，要實現自己生存的價值，而自己生存價值的實現，在這世界上就意味著要不斷地與阻礙自己實現生存價值的一切進行鬥爭，這裡既需要固執，即堅持自己認為是正確的意見和堅定走自己認為是正確的道路，同時也需要急躁，即一刻也不能滿足現狀，急於事功，急起直追。費布特說：「在我心裡有一個嚮往絕對的、獨立的自我活動的意向。再沒有比單純受他人擺布、為他物效勞、由他物支配的生活更使我難以忍受了。我要成為某種為我自己、由我自主的東西……我的心情不能安於現狀，一刻也不能停留於現狀，這現狀使我的心情產生了不可抗拒的反感，我的整個生命都不可阻擋地奔向那未來的更好的事物」。相對而言，在我自己心靈的深處，我更愛費布特這種不斷向外擴展和索求的性格，這也許更代表了我自己的真實寫照。

我的《斯賓諾莎》一書早在數年前已收入本世界哲學家叢書並出版了，這裡呈現給讀者的是我寫的《費布特》。這裡我要提及一件事，好多年前，我在大陸出版了一本小書《費布特，行動在吶喊》，誰知這本書在大陸和臺灣頗引起一些青年的興趣，有些真摯而深情的來信使我感慨萬端。這裡我想援引一封臺灣讀者的來信:「十多年了，儘管歷經了不少波折，但是對於國族的前途沒有一天不關心。近日，在偶然中得到您的大作《費布特，行動在吶喊》壹冊，拜讀後，深感震撼。真是一本值得知識界細讀反思的好書！在此冒昧提筆，迢迢千里的理由，除了以一個讀者向作者致敬的理由外，是基於一個讀者想將您的大作廣為流佈的理由。──因為我覺得夙昔的關切由深心在推動我，即使它可能不易賺錢，但是我想在此間出版它。我願意為它節衣縮食，希望它能為臺灣青年學界帶來一些啓導的作用。不知道是否能得到您的授權；讓它得到更多的讀者，更廣的流佈」。在當今汲汲於金錢的世界，這樣一位願意節衣縮食出版一些能為我國青年學子帶來啓導作用書籍的臺灣讀者，多年來一直使我念念不忘，我願乘本書出版之際，向這位真誠的讀者表示我衷心的感謝。

最後，我想向讀者推薦兩篇我國學者研究費布特的著作，一是梁啓超先生的〈菲斯人生天職論評述〉，一是賀麟先生的〈德國三大哲人處國難時的態度〉，我認為這兩篇著作在我國費布特研究史上具有重要價值，代表我國早期費布特研究的突出成就。如果把這兩篇著作與我這本《費布特》加以比較，我們就可清楚看出我國三個不同時代對費布特的不同吸收。記得今年夏季我在德國講學期間，有一位哥廷根大學專門研究費布特與中國的德國青年漢學家曾經寫信問我費布特在中國的影響，我就告訴他，要研究費布特在我國的影響，一定要區分三個時期，即民主主義革命時期、抗日戰爭時期和現代化時期，不同的時期對費布特有不同的理解和解釋，也有不同的側重和強調重點，我認為這裡也是一個詮釋學的課題。就我自己而言，我想把費布特那種不斷進行鬥爭和不斷進行創造的行動意志昭示我國有志於國家和民族統一和繁榮的青年學子，召喚那種不受他人擺布、不為他物效勞和不由他物支配的獨立的自我行動意志，以使他們像費布特所說的那樣，「整個生命都不可阻擋地奔向那未來的更好的事物」。這也就是海德格所謂 Sich-vorweg-schon-sein (-in-der-Welt) als Sein-bei 的最本真的意義。

洪漢鼎

一九九五年冬於北京怡齋

費希特

目次

引言

約翰・哥特利勃・費希特（Johann Gottlieb Fichte）生於1762年，這一年正值盧梭的《社會契約論》出版，這本書可以看作費希特人生旅途開始的標誌。在《社會契約論》的民主思想的啓發下，費希特後來一直作爲一位偉大的民主主義者生活著、思想著和戰鬥著。當他開始要求公開發言時，法國革命正好達到了高潮，他衷心願望這場革命能在歐洲取得巨大的優勢，致使各個封建國家特別是德國實行某種變革。他死於1814年，這一年正是全歐抗擊法國侵略者的自由解放戰爭即將勝利的前夕，死前他作爲一位熱情的愛國主義者積極參加了反拿破崙的自衞戰爭，臨終前聽說普魯士大元帥布呂席越過萊茵河，他帶著勝利的喜悅，欣然離開了人世。

這是一個短暫的人生旅途，只有五十二年，然而費希特卻在人世間留下了他不僅作爲偉大的思想家和哲學家，而且作爲熱情的愛國主義者、民主主義者和人道主義者所戰鬥過和活動過的堅實足跡。

他來到這個世界時，周圍的土壤「只不過是一堆糞堆」，一堆正在腐爛和解體的垃圾，「一切都爛透了，動搖了，眼看就要坍塌了，簡直沒有一線好轉的希望，因爲這個民族連清除已經死亡了的制度的腐爛屍骸的力量都沒有」❶。他作爲一個農村小手

❶ 恩格斯：《德國狀況》，見《馬克思恩格斯全集》，北京，1957年，第2卷，第633-634頁。

工業者的兒子，從小飽受了貧困和飢餓，要不是一次偶然的僥倖事件，他可能終身不得進入大學之門。但即使這樣，貧困之神卻未離他的左右，「這骨瘦嶙嶙的保姆一直成爲他終身可靠的伴侶」❷。他爲了求生存，每天都要同麵包、衣著，同各種各樣的困難進行不斷的鬥爭。但是，他並沒有被艱辛的生活所壓倒，更沒有爲他出身低賤而自卑，對於他出身於平民，他始終保持一種驕傲的意識，正如他所說的:「在德國，人類的一切進步都是來自平民」❸。他對貴族王公極端蔑視，認爲社會的一切罪惡都來自貴族王公的驕橫和腐敗，他把他那時代的最典型的特徵描述爲人們敢於大膽譴責王公大臣，即使他得到魏瑪宮廷一位公爵的扶植去耶拿擔任教授，他也把他的敬重只說成是「針對他這個人而言的，而不是針對他的王公大臣身份而言的」❹。他絕不幻想德國會有一位國王或君主給知識學的作者一筆恩俸，「因爲他們將發現知識學的原則不會落入他們的圈套」，而且，「即使有人提供一筆恩俸，他也絕不會接受」❺。在他臨死前一年，當普魯士國王頒發〈告國民詔書〉不久，他還寫下這樣一句話：「除非剷除掉各個封建王公，否則德意志民族便根本不能誕生」❻。

---

❷ 海涅:《論德國宗教和哲學的歷史》，商務印書館，1974年，第120頁。

❸ 《費希特著作選集》，F・梅迪庫斯編，來比錫，1911年，第1卷，第1頁。

❹ 《費希特書信選》，M・布爾編，來比錫，1961年，第92頁。以下凡不註明版本，均指此版本。

❺ 同上書，第112頁。

❻ 《費希特全集》，I・H・費希特編，1971年，德文重印版，第4卷，第414-415頁。

他也要爲自己能處於這樣一個時代而感到幸運，因爲正是這樣一個腐爛的時代，在鄰近的法國爆發了一場開闢人類歷史新紀元的偉大革命，向人類描繪了一幅「關於人權與人類價值這些偉大字眼的瑰麗畫面」❼，同時也正是在這樣一個腐爛的時代，在他的祖國即德國的哲學界裡產生了一場偉大的「哥白尼式的革命」，正是由於這場哲學革命，人的意識或理性不再是以前那樣像太陽圍繞著現象世界旋轉，而是現象世界圍繞著人的意識或理性旋轉，理性一下子登上了人類歷史的皇帝寶座。實踐的革命和精神的革命使費希特在他的人生旅途中找到了自己的眞正的職責和神聖的使命，這就是，他要以法國革命所喚醒的積極主動精神發揮康德哲學的實踐理性學說，使哲學眞正成爲人類改造自身和客觀世界的偉大力量。

在他初次登上哲學舞臺不久，他就旗幟鮮明地站到了德國文化的最前列，以致弗里德里希·施雷格爾這位浪漫派的文藝批評家把他的《知識學》與法國革命、歌德的《威廉·邁斯特》相提並論，並認爲它們代表了他那個時代的「最偉大的傾向」。初看起來，這種聯繫似乎是沒有道理的，但是，如果我們把《威廉·邁斯特》看作是德國文學中古典人道主義的代表作，而把費希特的《知識學》理解爲那場廣泛的唯心辯證法思想的整個運動——這個運動通常被人們稱之爲德國古典哲學——的主要組成部分的話，那麼這兩部著作在精神上卻是能與政治實踐上的法國革命相媲美的。在費希特的《知識學》裡，法國革命那種勇於推翻封建專制制度建立資產階級民主共和國的大無畏精神得到了最高的體

---

❼　《費希特全集》，1971年，德文重印版，第6卷，第39頁。

現，他的「自我」就是法國革命所喚醒的對現存一切實行變革的火一般的行動渴望。費希特曾經斷言，法國民族已經通過革命使人們掙脫了外在的鎖鏈，而他的哲學則要把人們從「自在之物的桎梏」中解放出來，他說：「行動！行動！這就是我們生存的目的」❽。他試圖通過他的《知識學》裡那個頑強的不屈不撓的能動自我去向人類呼吁行動，改變世界。

費希特的整個生活和著作充滿了資產階級革命理想。可是，這種理想是在德國社會經濟發展極爲落後的階段上被提出的，因此這種理想在費希特那裡不可避免地採取了一種抽象的高超形式，正如它在德國古典人道主義，特別是在德國古典哲學裡所典型地表現那樣。鑑於同樣的理由，他的社會政治理論明顯地帶有烏托邦的色彩。但是在費希特這裡，這種理想也並不完全停留在抽象思辨的領域，他要在具體的社會實踐領域去實現這一理想，他不滿足於資產階級憲法和法律制度那種形式上的自由和平等，他要求每一個人都必須「靠他的勞動而生活」❾，「不勞動者不得食」❿。他看到貧困的問題，他把要求工作和麵包的權利視作「理性王國」的主要任務，他從理性的國家觀出發，強調「自己生活也讓別人生活」⓫的原則，他力求國家能按照公民的勞動進行合理的分配，以清除貧富懸殊的不合理現象。如果說馬克思曾經把康德的法權學說稱之爲「法國革命的德國理論」⓬，那麼費

❽ 費希特：《論學者的使命》，商務印書館，1980年版，第52頁。
❾ 《費希特全集》，1971年，德文重印版，第3卷，第213頁。
❿ 同上書，第6卷，第188頁。
⓫ 同上書，第3卷，第402頁。
⓬ 馬克思：＜法的歷史學派的哲學宣言＞，見《馬克思恩格斯全集》，中文版，第1卷，第100-101頁。

希特的法權學說就意味著這一理論的最高發展，這就是說，它是 1793 年馬拉、羅伯斯庇爾的激進雅各賓派革命專政的德國理論，同那些反對採取實際行動的思想家的英雄主義幻想比起來，費希特這種社會理想卻帶有更實際的特徵，其迴避現實的態度更少。

在談到費希特的著作和哲學時，我們絕不能忘記他的個性，正如他自己所說的，「人們將選擇哪一種哲學，這就要看他是哪一種人，因爲一個哲學體系不是一個人們可以隨意放棄或接受的死用具，反之，一個哲學體系因佔有這個哲學體系的人的精神而充滿生氣。一個天性萎縮的或是由於精神的奴役、博學的奢侈與虛榮弄得萎縮了和歪曲了的性格，將永遠不能把自己提高到唯心論的程度」⑬。費希特哲學不僅產生於他那時代正在發酵的經濟和政治關係，而且也依賴於他個人的鮮明性格，這種突出的個性在他的著作中打下了不可忽視的烙印。他不是一個天性萎縮和懦弱無能的個人，而是一個永遠充滿生氣和活力的不斷向外進行擴張和鬥爭的精神，對於他來說，碌碌無爲和停滯不前就等於自取滅亡，唯有行動，行動，再行動就是一切。因爲他自己在無限制的活動追求中體驗到外界只是一種對抗物，所以他在《知識學》裡把意識的作用解釋爲無休止的活動，而把外在世界僅理解爲達到活動目的的材料和場所。他的登峰造極的直到君臨一切的頑強固執的意志，曾經使海涅把他比做拿破崙，說他們兩人「都代表著這個偉大的嚴酷的自我，在這個自我之中，思想和行動是統一的，而他們兩人各自構成的龐大建築，表明了一個巨大的意

⑬ 費希特：<知識學導論第一篇>，見《費希特全集》，1971年，德文版，第 1 卷，第434頁。

志」⑭。這種比較可以說在一定程度上也滿足了費希特自己的要求，因爲他自己就曾經虛幻地過高估計了純粹思想的力量，試圖以改變人們意識的辦法去改造他的時代的社會狀況，因此他的哲學的命運就如同拿破崙帝國一樣，最後也因這個意志的無限擴張而終於坍毀了。但是儘管這樣，正如海涅所指出的，「思想家們仍受到由費希特提出的思想的鼓舞，他的言論的後果是不可估量的。即便全部先驗唯心論是一種迷妄，在費希特的著作中仍然還有著一種高傲的獨立性，一種對自由的愛，一種大丈夫氣概，而這些，特別對於青年，是起著有益的影響的。費希特的自我和他那不屈不撓、頑強、鋼鐵一般的性格是相一致的。關於這樣一個全能的自我的學說也許只能從這樣一種性格中生長出來，而且這樣一種性格生根在這樣一個學說之中，必定會更加不屈不撓、更加頑強、更加像鋼鐵一般堅強」⑮。

費希特後期在反抗拿破崙侵略戰爭中所表現的高度愛國主義行動可以說是這個更加不屈不撓、更加頑強、更加像鋼鐵一般堅強的個性的卓越例證。費希特本是熱情贊揚法國革命，盼望法國民族有一天能取得最大優勢，在歐洲實行徹底變革，但是，當拿破崙背叛了法國革命，將侵略的鐵蹄踏進了德國的國土時，費希特立即以那同樣火一般的愛國主義激情投入了反拿破崙戰爭的愛國宣傳，他要以他的知識學來喚醒德意志民族的良心意識，更高地激發他們保衞祖國抗擊外敵的愛國熱情，他要用「一個最後的德國著述家那由正直心靈所支配的筆」⑯著文，讓每一個德國人

⑭ 海涅：《論德國宗教和哲學的歷史》，第119頁。
⑮ 海涅：《論德國宗教和哲學的歷史》，第119頁。
⑯ 《費希特書信選》，第265頁。

認淸敵人的侵略本質，認淸正義和眞理在我們這邊，以鼓舞人們勇敢拿起武器去參加戰鬥。他甚至面對敵人的刀槍，在大庭廣衆之下毫不畏懼地作了對德意志民族的愛國講演，並說，假如我因演講而死，那麼，我的家庭、我的兒子則會因有了一個爲國殉難的父親而感到無上榮光。最後，他終因長期勞累奔波而禁不住傳染病的襲擊，在全歐反法解放戰爭卽將勝利的前夕而慰然走完了他短暫而曲折的多風波的人生旅程。

對於費希特的哲學，我們絕不能像對待其他哲學家那樣，按照僵死的理論框架去冷靜系統地分析他的體系，對於他來說，那樣一種脫離生活和行動的抽象哲學體系是毫無意義的。費希特自己就曾經明確告誡我們說，他的哲學的入口在某種意義上是絕對不可理解的，因爲它不能用理智來解釋，而只能憑直觀去把握，他寫道：「我想告訴人們的是一些旣不能言傳、又不能意會、而只能被直觀的東西。我所說的，無非只是引導讀者，使他具有一種直觀的渴望。誰想硏究我的著作，那麼我勸告他放棄那些詞句，只需去找尋他在何處加入我的直觀行列」⓱。對於費希特來說，一種眞正的哲學就在於它是行動的指導，或者更正確地說，它是正在進行的行動，「不僅要認識，而且要按照認識而行動，這就是你的使命」⓲。因此，本書採取的撰寫方式是，試圖通過費希特的個人經歷歷史地重現費希特的觀念，也就是說，通過費希特在人生途中所走過的旅程來表現他的哲學的性質和意義。我

⓱ 《費希特書信選》，M·布爾編，來比錫，1986年，第161頁。

⓲ 費希特：《人的使命》，商務印書館，1982年，第78頁。

們希望這是一條最容易接近費希特思想的途徑，以使費希特精神在今天得到更大的發揚 。作者寄希望於海峽兩岸有志的青年學子。

最後，我想引用奧古斯特・威廉・施雷格爾（A. W. Schlegel）的一段話作爲本引言的結束語：「正直的費希特眞正爲我們所有人而鬥爭，如果他失敗了，那麼焚燒異教徒的柴堆重新又會來到我們近旁」。

一、織帶匠兒子的成長

德國薩克森州上勞西茲區的拉曼勞村，有一戶靠編織麻線帶謀生的人家。1762年5月19日，這個家裡生下了一個男孩，他就是約翰·哥特利勃·費希特（Johann Gottlieb Fichte）。拉曼勞村位於比蘇佛斯維塔鎮和普爾尼茲鎮之間。這裡風景優美，有蔥鬱的森林，也有潺潺的流水，離這裡不遠處就是邁森和勞西茲的邊界。據費希特家人傳說，費希特的曾祖父原是17世紀30年代戰爭時期瑞典的一名下級軍官，曾跟隨瑞典國王古斯道夫·阿爾多發打進德國，在拉曼勞村附近的一場不大的戰鬥中負了重傷，不得已離開部隊，暫時逗留在這裡。當地一位好心腸的路德教徒把他收留下並且精心看護他，在養傷期間，他漸漸地同這位恩人的女兒相愛了。傷勢痊癒後，這位瑞典軍官繼續寄住在這裡，再也沒有返回部隊，不久就同她結了婚。後來，老人的其他幾個兒子都在戰爭中犧牲了，這樣，這位瑞典軍曹就以唯一的女婿兼兒子的身份繼承了這家僅有的一小塊田地，並以費希特的姓氏在這裡定居下來。拉曼勞村素來崇尚淳樸、仁厚和公正，他們一家的勤勞、剛毅和性格忠厚則尤為人傳為美德。

約翰·哥特利勃·費希特的祖父就是這位留住於拉曼勞村的瑞典軍曹的唯一後裔。他除了耕種祖傳下來的小塊田地外，還兼做編織麻線帶生意。在當時德國封建割據的落後狀態下，資本的原始積累只能以分散零碎的手工業生產為主，農民兼做手工業生產乃是普遍現象。在國際市場上，德國商人除了拿出點農村手工業品，如紡織、花邊、毛織物和麻織品去廉價出售外，根本拿不出別的。約翰·哥特利勃·費希特的父親克里士蒂安·費希特是這一家的大兒子，在很小的時候就被送到附近的普爾尼茲鎭去跟一個富有的紡織商兼工廠主當學徒。老費希特當初希望，他的兒子除了要對這一行業有較好的知識和本領外，還能在這個城鎭爲自己的生意打開一個較大的門路，但是結果完全出乎意料之外，克里士蒂安·費希特由於殷勤、忠厚和能幹很快博得了師傅女兒的靑睞，後來居然和這位廠主的女兒結了婚。如果我們了解當時德國森嚴的封建等級制度關係，那麼我們就不難知道他們的這種結合在當時一定被視爲違反禮儀的行爲。滿身資產者傲氣的富商鑑於這門婚姻並非門當戶對，不允許他們在普爾尼茲鎭居住，因此，這對小夫婦只得搬回拉曼勞村。克里士蒂安·費希特用他夫人的嫁妝在村裡造了一所房屋，並在屋裡安置了一臺手工織帶機，這樣，經營麻線帶生意就成了全家的生活主要來源。約翰·哥特利勃·費希特是他們的大兒子，除他之外，這家還有六個兒子和一個女兒。在當時貧窮落後的德國，像這樣十口人的大家庭，僅靠一點手工勞動爲生，當然是貧困不堪的。費希特兄弟姐妹八人，經常是飢腸轆轆。海涅曾形象地說：「貧困之神坐在費希特的搖籃旁，把他搖大成人，這骨瘦嶙嶙的保姆一直是費希特的終身伴侶」❶。

從費希特後來的信札裡談到他的雙親的地方來看，他父母婚後的生活似乎不怎麼幸福。他母親顯然染有那種小城鎭中一切富

---

❶ 參閱海涅：《論德國宗教和哲學的歷史》，第120頁。

有階級所特有的品性，為自己跟一個卑賤的農村手工匠的結合而感到委屈，加上經濟條件、生活水平的日益窘迫，所以處處顯露出傲慢、固執和急躁的脾氣，她儼如家中的女王，隨意發號施令，強迫丈夫和家人服從。她這種性格，正如我們以後將會看到的，影響了年幼的費希特。這位哲學家從小就染上了驕傲、急躁和固執的脾氣，不過他還添上沉默、剛毅和倔強的堅強個性，這種性格在他充滿戲劇性風波的一生中起了不小的作用。

在為他舉行的洗禮儀式上，他母親的一位很受人尊敬的老親戚就預言過這孩子將來有卓越的成就，但是，未受過良好教養的父母並未對兒子寄托更大的希望，照母親的意見，牧師的職務正是兒子最大的前程。費希特從小並沒有像一些偉人人物那樣特殊的教養環境，他和一般農民出生的孩子一樣，自小就要分擔一部分家務勞動，他必須經常坐在織帶機旁幫忙，即使有時不需要他在那裡，他也要去照料家禽，餵鷄牧鵝。讀書對於他來說，只是勞動之餘的作業，當他父親幹完了活兒，才抽空指導他誦讀一些成語和聖經讚美詩，但更經常的是把他在薩克森和普爾尼茲鎮做學徒的經歷講給他聽，讓他從小就樹立靠勞動自謀生計的觀念。費希特從小就熟知勞動人民的疾苦，這和他以後成為一位民主主義者有著必然的聯繫，他不但不為自己的出身低賤而自卑，而且經常為自己屬於平民而感到驕傲。正如他在《對德意志民族的講演》中說的，「人類的一切進展在德國都是來自平民」❷。即使他後來擔任大學教授之後，大部分時間也是和普通人打交道，舉辦適應於普通人水平的通俗講演。他始終穿網口鞋，蓄短頭髮，保

---

❷　引自《費希特著作選集》，1971年，德文版，第1卷，第1頁。

持平民裝束。這種思想當然也使他對於貴族王公總是抱有憎惡鄙視的態度。

正如一些偉大人物從小就有一些特異的表現一樣，費希特自小就表現了一些不同於其他同年齡小孩的特點。他很少參加其他小孩愛玩的遊戲，只喜歡一個人在田野裡散步，獨自沉思默想，他可以幾個小時地站在那兒，望著遠方出神，直到黃昏歸來的牧牛人把他從沉思中喚醒，將他帶回家中。平日他最感興趣的是到教堂去做禮拜，他對鄉村教堂每禮拜的宣講表現了濃厚的興味，在教士佈道時，他集中精力聆聽，彷彿自己就是一個對上帝頂禮膜拜的忠實信徒。宣講完畢，他就高聲背誦，又彷彿他自己就是一個當眾宣講的傳教士。他特別喜歡看書，有時由於看書而把一切都置之度外。大約在他 7 歲的時候，父親給他帶回一本名叫《不可傷害的西格佛里》的小兒書，書中主人翁乃是《尼伯龍根之歌》中的英雄，他頓時看入了迷，把別的工作全忘了，結果挨了一頓嚴厲的斥責，他感到這是橫亙在他和他的職責之間的一種邪惡的誘惑，他下定決心剷除這個禍根，就偷偷地拿出這本小書，猶豫了好一陣子，終於鼓足勇氣，把它投入了屋旁的小河。當他看見河水把自己心愛的東西帶走時，他又傷心地哭了。父親問他這是怎麼回事，他卻怎麼也不肯講，情願忍受誤解，把痛苦埋在心裡，正如日後的情形一樣。後來他父親打算再給他買一本這種書，他懇求他父親還是把書送給他的一個兄弟，他太害怕這種可怕的誘惑了。

不過，少年費希特最顯著的特點還是他那種驚人的記憶力。每當他去參加教堂的禮拜後，回來就能把牧師的宣講一字不差地背誦出來，平日早晚禱告時，他會向全家背誦聖經和教義問答書。他這種稀有的天賦很快引起了村裡牧師的注意，他感到這個小孩有一種非凡的才能，可惜家庭的淸貧不能使他早受正規的教育。唯一的辦法就是讓他經常到自己家中去，給他做一些必要的輔導，但這並不能充分發展費希特的才智，他需要的是專門的正規教育。如果沒有一個偶然的機會，費希特的這種才智可能就永遠埋沒了。

機會終於來了。1770 年一個禮拜日，靠近邁森七株橡地方的一個名叫恩斯特·哈博德·封·密爾鐵茲（Ernst Haubold von Miltitz 1739-1774）的大地主來拉曼勞村訪友，由於來遲了未能聽到他非常佩服的鄉村牧師的宣講，大爲惋惜。村人告訴他本村有一個小孩能把他所聽過的任何講演逐字背出來，他立即要人把這神奇的小傢伙找來，於是費希特穿著亞麻布製成的農家小外套，手裡拿著一束鮮花來到了密集的人群中間，他毫不膽怯地逐字逐句背誦了當天牧師的佈道詞，並且鎮靜地回答了有關佈道內容的一些問題。當這位貴族聽了小費希特的背誦和回答後，大爲驚奇，隨即向費希特父母建議，如果他們肯把這個小孩交給他去教管，他願承擔這孩子今後的全部教育費用。這對於多子女的窮父母來說，當然是求之不得的，母親提出的唯一條件就是孩子長大後要做牧師。這樣，年僅 7 歲的費希特就被這位地主貴族帶到了七株橡地方，接受初期教育。

七株橡是恩斯特·哈博德的領地，對於小費希特完全是陌生的，這地方空曠肅穆，森林幽暗，使他感到一種特有的憂鬱和不快，這種憂鬱和不快立即威脅了他的健康。他的仁慈的保護人決定把他送到鄰近的尼德勞地方的一位牧師家裡去受教。這位牧師名叫克里培（Krebel），獨自一人過活，非常喜歡孩子。費希特在他家大概寄養了兩年，度過了他童年時代最幸福的時光。這位牧師教費希特學習古典語言，指導他讀經書。應當說，費希特在這裡為他今後治學精神和方法打下了良好的基礎，費希特後來只要提到這位啓蒙老師，心中總是充滿了最深摯的感激。隨著費希特學習上的進步與日俱增，這位老師也就漸漸感到他自己的學問已越來越不能滿足這位勤奮的學生，於是在費希特十二歲那年，他的恩主恩斯特・哈博德把他送進了邁森的一所公立學校讀了一個時期，不久後，也就是1774年，費希特進了拉姆堡附近的著名的普福達貴族學校。

這裡我們需要簡單地補充一下薩克森地區當時的經濟文化狀況。在十八世紀上半葉，薩克森可以說是德國經濟和文化特別發達的地區，素有「易北河上的佛羅倫薩」和「小巴黎」之稱，但由於遭到普魯士國王腓特烈二世在七年戰爭中的破壞和無限制的掠奪，幾乎與德國其他小邦國家沒有什麼差別。雖然這塊土地還是工商業中心，它的居民非常勤勞，但由於處在封建專制條件下，它還不能從當時遭受的打擊中恢復過來，財政開支的增加和銷售市場的縮小，使這個本具有發達的手工業工場的「彬彬有禮的薩克森」連同它的「佛羅倫薩」、「小巴黎」之美稱，不久淪為空泛的渺小的斯巴達，正如德國其他小邦一樣，貧窮和飢餓、不幸和災難籠罩著薩克森各個城鎮和農村。在這樣一種落後的經濟狀況下形成的文化水準，當然是比較低下了。關於薩克森當時狹隘的精神狀況，德國一些卓越的人物曾痛心地嘆息過，席勒稱它是「一片精神荒漠」，席勒的朋友柯勒從德累斯頓寫道：「在我們這裡的文武官員看來，作家是最聲名狼藉的」。歌德曾在一次訪問來比錫時，對這個國家的偏狹的傾向提出了批評，但他的批評還遠遠不如當時一個十六歲的大學生揚・保羅的意見來得尖銳，揚・保羅說：「在薩克森，每一本有自由思想的書籍都作爲禁書被沒收」，「我的民主思想使我對德累斯頓卑躬屈膝的庸人咬牙切齒，這些人心靈醜惡、卑鄙，又不好學習和愛藝術，一味只會阿諛奉承」❸。一個很典型的例子，1775年歌德的舉世名作《少年維特之煩惱》在這裡被認爲有損於道德風尚而被加以取締，甚至像萊辛、魏蘭和克羅普斯托克的一些書也被列爲禁書，不讓人閱讀。

普福達學校是一所仿照舊式寺院生活規則的六年制學校，它嚴密地把學生與外界隔絕，日常生活、學習、娛樂和身著制服均有嚴格的規定，而且還保存了一種極爲惡劣的舊家長制作風，學生除了受學校教師的管教外，還必須聽從一個指定的高年級學生的教管，名義上是教管，實際上如同主僕關係，這個高年級學生可以隨心所欲地指使他的低年級學生爲他服務，稍有差錯，不是拳打腳踢，就是一頓痛罵。學生之間沒有自由的交往、仁慈的勸告和眞誠的情誼，有的只是彼此猜忌、爾虞我詐。這樣一種嚴格與外界隔絕的約束生活和這樣一種惡劣的學校作風使費希特性格裡原有的特點更加充分發展和加強，他天性沉默而固執，就是說，對他所深信不疑的眞理，他很少能改變見解，別人對他的行動發生誤會，他也拒絕解釋。現在這種學校生活使他的精神更加強了這種內向的因素，他那堅強而獨立的性格更發展了，倔強的脾氣使他簡直可以說是我行我素了。

最先派來教管他的高年級學生是一個相當惡劣的傢伙，他對

❸ 以上引文均引自 F・波特勒（Böttger）的《費希特，行動在召喚》，1956年，德文版，第15頁。

費希特的管束眞不如說是虐待。費希特兒子伊曼努爾・赫爾曼・費希特在其《費希特生平和學術通信》一書裡，曾記載了這樣一件事:「有一次，在費希特剛到學校不久，一位教師偸偸地看到他在自己的房間裡來回地用左右手一下一下地把書從桌上打到地下，這位教師奇怪地問他，這是幹什麼，費希特半帶笑半害臊地回答說，他是在練習一種打耳光的遊戲，爲的是當他成了高年級生時，也會像現在的高年級生那樣去打受他管教的低年級同學，正如他現在從他這位高年級傢伙那裡所受的這種虐待一樣」❹。由此而知，這位高年級生是怎樣虐待費希特的。當然，倔強傲慢的費希特是不堪忍受的，他先是警告那個高年級生說，如果對他的態度不改變，他會設法逃出學校的，但這種警告只能引起嘲笑，隨之而來的是更兇惡的打罵。終於有一天他再也忍受不住了，他逃出學校，幻想像魯賓遜那樣作一次孤島上的探險，但在半路上他記起了他的啓蒙老師克里培的教導：「做任何事都要先向上帝禱告」，他跪在地上，禱告中他想起他將再也看不到雙親和朋友了，他失去了勇氣。當他被人帶回學校後，他坦白地向校長承認了自己的過錯，並申訴引起這次出走的理由，校長不僅寬恕了他的這次行爲，而且立即撤換了他的監督人，他被指派給另一個高年級生照管，這位高年級生對他很好，以後並成爲他大學的同伴和朋友。

普福達學校的教育幾乎全部是神學聖經課程，很少接觸實際的科學和經驗的知識，甚至對閱讀德國新文學運動的偉大作品也嚴加限制。學校當局把德國文學新浪潮視如洪水猛獸，在他們看

---

❹ 引自F・波特勒（Böttger）的《費希特，行動在召喚》，1956年，德文版，第22頁。

來，萊辛、魏蘭和歌德的著作相對於高潔的聖法經傳，猶如下流汚穢的妓女。要不是一次偶然的機會，費希特恐怕連對這些德國偉大啓蒙運動思想家的名字也毫無知曉。這時學校裡來了一位新教師，名叫利貝爾，深受新文學浪潮激動的心靈使他沒有讓學校的規定窒息自己的心智，他偸偸地在一些好學的學生之間傳播新文學的作品。藉利貝爾的幫助，費希特讀了啓蒙思想家萊辛抨擊葛玆的幾篇文章，儘管當時萊辛和葛玆論戰的眞正內容和性質對於費希特的判斷力和興趣來說，還是陌生的，然而文字的生動和論戰的激烈卻給了他很深的影響，他如飢似渴地連續閱讀了幾期「反葛玆」的文章，他彷彿走進了另一個新天地。萊辛對絕對的眞和善的信念以及對歷史的理解，給了他第一次強有力的精神激動，他第一次意識到什麼才是眞正的科學見解以及由這種見解得到的眞正科學的知識，使他預感到一種新的精神生活即將來臨。

1780年10月，費希特在普福達的學校生涯告一結束，他的畢業論文是〈論師道和實用修辭學〉。這是一篇適應當時學校要求的應時論文，因此備受校方的讚賞。同年秋季，他進了耶拿大學神學院，這並非由於他一心一意嚮往神學的前程，而是因爲他的恩人恩斯特・哈博德已在幾年前去世，一個貧窮無靠的學生除此之外，別無其他選擇。耶拿大學的演講似乎對他沒有什麼影響，第二年他就轉入來比錫大學學習神學，最主要的課程是佩梭爾德(Pezold, Ch. F. 1743-1788) 討論系統神學一課。費希特的天性只滿足於連貫一致的理論，任何結論都要從一個基本原理按照嚴密的邏輯程序演繹出來。他原本希望在佩梭爾德的系統裡，關於神的屬性、創世和意志自由的神學理論有一個清晰系統的解釋，可是他的期望完全落空了。佩梭爾德矛盾百出的神學系統最後使費希特放棄了神學的研究，他沒有按照學校的規定完成一些必須的神學課程，以致在他大學畢業後，由於缺乏這方面的訓練而未能找到一個固定的牧師職業。

大學的生活似乎在費希特一生中並未激起多少浪花，費希特以後也很少講起他的大學時代。我們只知道他當時缺乏神學研究的熱情反而對法學感到興趣，曾旁聽過法律的課程。不過，這對於他似乎只是一種謀生的準備，眞正的興趣可能還是在哲學方面。從他這一時期寫的一些信件來看，此時他的心思顯然凝注於曾經痛苦困擾過許多同樣環境中的學生的一個問題，即天命或神的預定與人類行動的意志自決的關係問題，也就是必然和自由這一困惑著當時哲學家和思想家的大問題。要理解費希特當時所持的觀點，我們必須把德國當時思想界的情況談一下。

萊布尼茨曾經在其《神正論》一書的序言中說過：「我們的理性常常陷入兩個著名的迷宮：一個是關於自由和必然的大問題，特別是關於惡的產生和起源的問題；另一個問題是關於連續性及其被認爲不可分的要素的解釋問題，這問題是與無限性的問題緊密相關的。前一個問題幾乎煩擾著整個人類，而後一個問題則只得到哲學家們的注意」❺。面對著這個煩擾著整個人類的大問題，萊布尼茨的觀點是眾所皆知的，即所謂「先定的和諧」理論。在他看來，當一個單子發生變化的時候，在另一個單子裡也發生與此相吻合的變化，這種吻合，也就是和諧，是由神預先規定的，因此神的預定和人的自由意志在萊布尼茨看來是協調一致

---

❺ 萊布尼茨：《神正論》，1968年，德文版，第7頁。

的，神預定了這一和諧。萊布尼茨的大弟子沃爾夫以極其枯躁空洞的學究方式繼承了他的老師這一學說，把這種觀點發展到難以置信的地步，而主張決定論的斯賓諾莎在這時則完全被當成了「死狗」。

1780年萊辛在對雅可比的談話中表示了他對斯賓諾莎的崇拜和尊敬，似乎在德國第一次發現了這位被人詛咒的無神論者的觀點中有著對於人類根本命運問題的眞正回答。整個自然是一永恒無限的必然系統，人只是這一無限因果鎖鏈中的一環，人從根本上說是無所謂意志自由，人的意志和決定皆服從於整個宇宙的必然性，人的決定和活動與整個宇宙的必然法則的諧和一致，就是人的靈魂的最高滿足。這是一種決定論觀點，但是它和宿命論有所不同，宿命論在這個最高統一中只看到黑暗的神祕的Nemesie（命運），即一種不自覺的機械必然性，而決定論卻把這命運理解爲天道或無限精神或神，人作爲神的有限樣態，能自覺意識到這種必然性，因此在斯賓諾莎系統裡，自由和必然的差別，僅在於自由是意識到的必然，知神就是神自知，愛神就是神自愛，人和神達到了最高的綜合。這個偉大系統是思辨形而上學的最高成就，萊辛、赫爾德和歌德都對它發生了強烈的興趣。

在這種濃厚的斯賓諾莎氣氛中，費希特當時深信不疑地選擇了決定論的觀點，他認爲個人意志不過是天道設計中的一個必要的環節，人的意志只能屈從於這個必然的無限因果系統，人看來是偉大的，但實際上他只是無限精神實現自身的一個手段，人完全沒有什麼意志自由，所謂意志自由只是人們對於支配自己的無限精神力量的盲目無知。費希特曾經在來比錫附近的鄉間作過有關這種思想的講演。但是，他當時似乎還不知道這種觀點乃是斯賓諾莎的觀點。在一次鄉間演說中，他偶然從一位名叫菲德納的鄉村牧師口中得知他這種主張可以冠以斯賓諾莎主義的稱號時，他大爲驚異，因爲斯賓諾莎這名字在當時普通德國人心目中還是一個可憎的無神論歹徒的稱號。不過，費希特並未因此而氣餒，他借此機會閱讀了斯賓諾莎的著作，並通過菲德納讀到了沃爾夫的《對斯賓諾莎謬誤的批駁》。正反兩方面觀點的對照，使費希特更堅定地主張斯賓諾莎的學說。1784年，他打算寫一篇關於普遍存在的決定論的論文，他曾給菲德納寫過一封信，談到了他的計劃，可惜這封信現在找不到了，不過，從菲德納在1785年1月28日的復信中，我們確實可以看到，費希特當時熱衷於決定論:「您的令人高興的信引起我很多思想!……我繼續考慮，並且走到了您所崇拜的偶象：必然性。——它的形式是非常恰當的，它的外表很漂亮，它的面龐畫得很美，——只是它是聾的、啞的，一個大木頭。它在那裡，那裡除了它是這樣外，就不能是或不是其他的，世界上一個東西是跟著另一個東西而來，我今天不是這樣詼諧地寫信，也幾乎是必然的，因爲我在昨天晚上非常遲才從結婚舞會回到了家」。這位牧師最後還說：「但願您寫出您的論文，並且請寄給我一份，因爲毋庸置疑，我是您的朋友」❻。

---

❻ 《費希特全集》，巴伐利亞科學院版，第1輯，第1卷，第9頁。

二、爲生存而鬥爭

冥思玄想必定要有物質基礎。正當費希特在來比錫大學熱衷於哲學和神學的探討時，貧困這個骨瘦嶙嶙的保姆又來敲他的門了，把他從沉思默想中喚醒到苦難的塵世生活中去。早在費希特還在普福達學校學習時，他的恩主恩斯特·哈博德已去世，雖然恩主的家屬在主人死後並未立即中斷對費希特的經濟援助，但這種援助已愈來愈少了，至此時似乎已完全停止了對他的資助，他的一切生活和學習的費用需要他自己解決。當他在第三年勉強修完大學規定的課程後，他已再沒有能力繼續學習和研究了。爲了自謀生計，費希特從1784年大學畢業後就不得不在來比錫附近的一些家庭充當臨時的私人教師，多則數月，少則幾天，過着一種顛沛流離的窮家庭教師的艱辛生活。

在當時德國，家庭教師是樁極爲低賤的餬口差事，並不像我們中國舊時代三家村的塾師那樣受到人們尊敬，而是如同奴僕一樣任人使喚，除了教導孩子學習外，還要幫助主人料理一切家庭雜務，其瑣碎煩雜簡直使人難以忍受。保存下來的一封費希特寫自1787年的信充分反映了費希特當時厭倦和苦惱的心情：「雖然對於我的東家對我的態度以及我所遭受的種種對待，我有一切理由感到滿足，但從另一方面，恕我冒昧，我只敢對閣下您訴說，我的境況卻是越來越痛苦。我的學生雖然只有九歲，但由於無限制的寬容和難以置信的疏忽，他的品格培養如此長時間地被拖延了下來，使得從外面要對他的行爲進行改造有如此不可克服的困難，以致我感到從我現在的逗留我根本不能期待有什麼益處，我不能不有一個眞誠的願望，愈早愈好離開這裡」❶。

按照費希特當時的希望，來比錫大學能給他提供一個機會，讓他從神學轉入法學的研究，他的理由正如他寫給曾任他神學教授而此時是來比錫大學校長的佩梭爾德的信中所說的：「在我接受閣下指導之前，我已經在耶拿、來比錫以及符騰堡聽過法律課程。自從我大學畢業後，我曾經有一段時期常和一些很能幹的法學家打交道，讀過一些法律書籍，並相信我自己可以說在法律知識方面並不像在神學方面有那麼多明顯的欠缺。要在神學方面找尋我的幸福，在我看來，差不多一切門路對我都堵塞了，而在法律方面，它可能是一個有保證的出路，一方面可以使自己在法律知識上更加完善，另一方面也可以多少有把握地希望以後有一個職位，如果我能在大學裡得到一個年輕的先生的指導的話。確實的，我有這種思想並不是沒有內心劇烈鬥爭的，因爲我曾經以最內在的熱情認識到耶穌宗教的善行和這種宗教值得尊敬的學說，但是命運之神一直向我暗示這樣一種天意，它將不需要我爲宗教而工作」❷。

這封信淸楚表明，當時費希特一方面對家庭教師感到厭倦，他希望儘早離開這種職業，另一方面對牧師神職也不存幻想，這不僅是因爲他自己意識到自己在神學知識方面的缺陷，而且更重要的是因爲他深深感到自己在神學方面也找不到任何出路。他唯一的希望是學校能提供他繼續在校研究法學的機會，這樣將來他

---

❶ 《費希特書信選》，第22頁。

❷ 《費希特書信選》，第23頁。

可以在法律方面找到一條生活出路。

不過，他的希望很快就落空了。佩校爾德並未給他提供有關這方面的位置，費希特陷入了極大的煩惱之中。殘酷的現實使他思想上發生了一個很大的變化，抽象的神學和哲學問題似乎在這一時期不再使他感興趣了，他從自已和其他人的不幸中轉向了社會問題的研究。這時他閱讀了瑞士偉大教育學家裴斯塔洛齊(J. H. Pestalozzi 1746-1827)的著作，使他深深認識到自己和其他同胞的不幸乃是與整個社會的道德敗壞分不開的，在1788年6月24日晚上，他頭腦裡突然迸發了一個想法，寫下了一篇〈一個不眠之夜的浮想〉：

「這難道不是我們整個道德敗壞的主要理由嗎？——一方面蔑視家庭生活，另一方面由於奢侈和我們時代其他不幸的關係而引起的搞好家庭生活的不可能性。——因此，每一個人似乎都孤立的——所有比較高貴的社交的感情，如祖國愛、博愛和同情心，都被壓抑了，而輕浮放蕩，特別是奢侈揮霍泛濫了，因為每一個人的主要目的，必然只是在他生活的年月正當地享受他所能盡力奪取的那麼多東西——因此鄙視女性，以及由此而來的對女性的侮辱——社會上層對社會下層的專橫統治，尤其是對種地的農民階層的殘酷壓迫——君主的專制、人為的邪惡、整個世代的衰退、貧困和墮落——如果這樣一切出現在一個極端精緻化了的民族中，那麼由此就會產生一種扭曲的矛盾的性格：觀點同良心和道德處於永恆的矛盾之中，理智的命令最後只成為空疏的贅言。

難道始終不能寫出一部書，時而從可笑的方面，時而從可怕的方面來揭露我們政府和我們道德的整個敗壞，自然而不過分地呈現其必然的後果，並描繪一個較好的政府和較好的道德的基本原則以及達到它們的手段，不行嗎？這本書必須用一種形象的語言、多少帶有戲劇性的情節來寫，一方面是為了清楚明白，另一方面是為了被我們的輕浮的同時代人閱讀。

這本書必須描寫這個民族的統治基礎。宮廷的思維方式，宮廷唯一的目的在於增加王公大臣的收入。用以達到這個目的的手段——這種手段對一切等級所帶來的危害——以及由此而來的王公大臣和宮廷本身所招致的惡果」❸。

繼後，費希特詳盡地從貴族、司法機關、宗教、科學、藝術、商業、農業、教育等各個方面進行批判，深刻地表露了費希特當時已經是他的時代的社會狀況的尖銳的觀察者和批判者，他想寫一本書，從經濟一直到宗教全面揭示這個時代的道德敗壞。當然這一任務並不是一個剛步入社會的青年所能勝任的，他還需在這個腐朽不堪的時代和社會中打滾數年，他還需經過漫長的生活體驗和深入觀察，但從這時起他已孕育了這一想法，正是這一想法使他四年後終於寫了像〈向歐洲各國君主索回他們迄今還在壓制的思想自由〉、〈糾正公眾對於法國革命的評論〉這樣熱情歌頌法國大革命和尖銳批判封建專制主義的政治檄文，同樣，也正是這一想法，使他在更晚一些時候終於寫了像《現時代的基本

---

❸ 《費希特書信選》，第23-27頁。

特徵》、《封鎖的商業國家》這樣的批判舊制度嚮往烏托邦的政論性著作。費希特的一生絕不是埋頭於書齋的思辨哲學家的一生，而是爲捍衞人類進步事業而進行不懈鬥爭的資產階級革命戰士的一生。

不過，這裡讓我們仍回到每日仍爲麵包而鬥爭的青年費希特上來吧。1788年，正當費希特孤苦零丁、沒有職業、沒有朋友、沒有金錢，生活處於極端窘迫的逆境時，他的舊日同學魏斯給他在瑞士謀得一份固定差事，介紹他去蘇黎世任家庭教師。由於窮，他只能步行前往，這是他第一次途經薩克森以外的德意志各省，越過祖國的邊界去到國外，1788年9月1日他抵達蘇黎世。

他的新主人是蘇黎世一家收入頗爲豐厚的旅館老板，名叫奧托，他有一個十歲的男孩和一個七歲的女兒。雖然這位出身於小市民階級的主人並不完全了解新教育是怎麼回事，但他希望他的孩子能受到高出他的地位的教育，可是他的夫人卻不同，對一切逾越常規的事極抱反感，她惟恐孩子們有超出蘇黎世一般市民的見識，她反對她丈夫的計劃。這樣，費希特深感到自己的工作極爲困難，經常要在兩種互相衝突的觀點之中妥善行事，以免失去他的飯碗。但性格固執倔強的人終究是不能妥協的，他往往留心地在日記裡記下學生父母在教育上所犯的錯誤，——這個日記後來編成《錯誤教育目睹記》——每星期提出報告，這樣，使學生家長感到極爲惱火，這一差事眼看就要完蛋了。

1789年8月23日，費希特在日記裡寫道：「我對孩子們的不滿，特別是對卡士巴的不滿，在前兩個星期由於他的墮落的壞行爲而更加深了，我在寫給孩子們父母的日記裡關於此事作了這樣的解釋：雙親總是不在意的，而我卻感到問題嚴重，甚而事關重大。從上星期末這次孩子父母之間發生的爭吵，我認識到並且能肯定地說，這場爭吵是由於我引起的，因爲特別是我在星期六晚上寫給孩子媽媽一張言辭誠然是嚴厲而譏諷的便條，造成了這場使他們不快的災禍。我早已感到一場反對我的暴風雨卽將來臨。因爲我不喜歡模棱兩可，所以我通過言辭嚴厲的日記使這場爭吵在20日早晨爆發了。孩子的父親與孩子的媽媽並不一樣，他餐前到我屋子裡來，請我從家庭關係考慮免去孩子們這一次處分，讓他們到他們的祖母那裡去。我當然讓步了，旣然不是粗暴的態度，我當然不得不讓步。——昨天我又同卡士巴發生一場不愉快的口角，我用黑皮書尖銳地告知了他的父親，他立刻來到了我的房間——他和他的夫人顯然和解了，他大約答應了她讓我辭職的要求——同我作了一次長時間的談話，結論是：在孩子們所有壞的行爲舉止上我是有責任的，因爲我並沒有讓他們總是在我身邊，因而不能使他們完全地、潛移默化地和高興地接受我的思想（這是一句並不完全錯的話），今後我應當這樣做——除了規定的日子，我整個星期不得外出，也不得接受任何人的拜訪，另外，我不應當自己讀些什麼或寫些什麼——簡言之，我應當完完全全地在我的生活一切方面都是奴隸。如果我不願這樣做——因爲我可以不這樣做，正如我過去尙可自謀生計時那樣——那麼我們就一定分開來。——我說到復活節再說，請允許我對這事再加以考慮，因爲我的決定還沒有最後確定下來」❹。當然情況是很明顯的，雙方都沒有任何可能妥協的願望，費希特終於把辭職的決定通知了他們，這樣，在1790年復活節前，費希特就離開了這個家庭。

---

❹ 引自《費希特，行動在召喚》，第39頁。

在蘇黎世任家庭教師的這一年多的時間，卻在費希特的思想和生活中留下了不可磨滅的印象。這一時期正是法國大革命爆發和蓬勃發展的時期，這場震撼人類歷史的偉大人權革命不可能不在費希特的心靈裡引起極大的震動。低賤的出身和艱難的生活所孕育的民主主義情感使他對這一場偉大革命發生了極大的共鳴，熱情地擁護這一偉大人類事業。正是在這一革命急流的推動下，他在這一時期熱衷於法國啓蒙思想家著作的研究。如果說費希特出身於卑賤的手工業者家庭、多年來窮困潦倒的生活使他很早就具有一種民主主義的情感，那麼通過法國啓蒙思想家盧梭、孟德斯鳩的著作的學習和研究，這種自發的還比較朦朧的情感已經在他心中上升爲強烈的民主主義思想原則了。盧梭這位法國大革命的先知，出身於一個鐘錶匠的家庭，從小過着貧窮的悲慘生活，當過奴僕、家庭祕書、流浪賣藝的音樂家和音樂教師，生活經歷使他痛感到封建社會的罪惡，自由和道德的淪喪，從而憤然向專制制度提出控訴。他發展了霍布士的社會契約論的思想，相信大多數無權無勢的人們終將擺脫暴政，自由、平等和博愛的「理性王國」終將實現。在法國資產階級革命洶湧澎湃的時期，他的民主主義理論被奉爲革命的「聖經」。這不能不在費希特的心靈裡發生強烈的共鳴，他對自己出身於小人物的家庭而感到自豪，他認爲人類的一切進步都來自人民，唯有做一個人民心聲的代言人才是最高尚的事業，他同樣熱情嚮往「理性王國」的來臨，他認爲這是人權最根本的保證。他孜孜不倦地翻譯盧梭、孟德斯鳩的民主主義思想的著作，想以此來武裝自己的頭腦，給人民傳送資產階級民主和自由的火炬，他也翻譯了賀拉斯的詩抄，他甚至還完成了一部羅馬政治家沙魯斯特（Sallust）著作的譯本，這是一部描述羅馬共和國歷史的著作，在該譯本裡他還撰寫了一篇論作者的生活和作風的導言。

德國早期啓蒙思想家的作品當然也是他這一時期的精神食糧。德國啓蒙運動，眞正講來，只是法國啓蒙運動的餘波。懦弱膽小的德國資產階級在法國風起雲湧的啓蒙思想浪潮推動下，漸漸甦醒過來，但是它的步伐是緩慢的，然而自從詩人克羅普斯托克（F. G. Klopstock, 1724-1803）和文藝評論家萊辛（G. E. Lessing 1729-1781）起來後，它的進展卻是驚人的。有誰能忘記克羅普斯托克在法國大革命爆發後所寫下的那些洋溢着革命和自由精神的熱情頌歌呢？這位六十歲高齡的詩人請求法國人原諒他過去反對模倣法國人的錯誤，現在他要喚醒人們向法國人學習，他說他過去看錯了弗里德里希二世，現在他認爲市民的花環遠勝於國王的桂冠，因爲這個桂冠沾滿了人民的鮮血，毫無光彩。費希特完全爲克羅普斯托克的人道主義和民主主義的詩歌所吸引，他寫了一篇批評聖經史詩的論文，其中特別評論了克羅普斯托克的民族宗教史詩《彌賽亞》。萊辛更是他熱情崇拜的偶像，從中學時代開始，這位德國早期啓蒙運動的卓越戰士就一直是鼓舞他在民主主義大道上前進的指路明燈，他曾計劃大學一畢業就去拜訪萊辛，但後來由於萊辛過早去世而未能實現。此時他熱衷於萊辛所創導的啓蒙文學的原則，認爲這些原則可以在德國開創一個最光輝的文學黃金時代，他在一封給友人的信中寫道：「如果我沒有被青年人的氣質 —— 希望勝於恐懼 —— 所欺騙的話，我們文學的黃金時代已經到來了，它將是持久的，或許會超過任何其他民族的最輝煌的時期，萊辛在他的書信和戲劇藝術理論裡所散布的種子現在已開始結果，對他的原理的信服似乎與日俱增，這些原理成爲我們文學評判的基礎。歌德的《伊菲格涅亞》最有力地證明了萊辛這些原理實現的可能性。在我看來，二十歲上就寫下《強盜》的人，不久之後也會走上同一條路，在他四十歲時，會變成我們的『蘇福克利斯』❺。費希特的預言並沒有失靈，狂飆突進運動成了德國文學史上最光輝的黃金時代，而席勒這位在二十歲上就寫了《強盜》的作者，在他四十歲時，緊接着《威廉退爾》的光輝成就，寫下了《華倫斯坦》一劇，《華倫斯坦》使這位德國的蘇福克利斯達到了他的藝術創作的最高峰。

但是，蘇黎世時期對費希特未來生活和日後事業影響最重要的，是他與年近七十的哈特曼·拉恩（J. Hartmann Rahn ?-1795）的友誼。拉恩出身於貴族家庭，在瑞士頗有一份較大的產業，他是克羅普斯托克的妹夫，從小受過很好的教育，又富有生活經驗，按照費希特的說法，這位老人「把最廣博的人世知識同最善良的心腸結合在一起」，他的家庭是當時蘇黎世地方的文學集會中心。費希特最初是通過一位名叫拉發特（J. K. Lavater 1741-1801）的蘇黎世牧師的介紹接識拉恩先生的，但不久他就成爲這家的最緊密的朋友。拉恩夫人早已去世，他的家庭全由他的唯一女兒約翰娜·拉恩（Johanna Rahn 1755-1819）小姐主持。她這時約有三十歲，雖然並不算特別美麗或才藝過人，但卻富於婦女的溫柔和伶俐，而這一點正好補足費希特的倔強固執、我行我素的缺點，而他們兩人共同的因素是那種發自內心的人道主義的同情感，因此，費希特在最初的幾次接觸中就對拉恩小姐

---

❺ 引自斯密士的《費希特追憶》，1873年，英文版，第31頁。

表示了好感，而拉恩小姐同樣佩服費希特的思想敏銳，才藝過人。他們的友誼逐漸由相互敬慕發展到互相愛戀，他們在通信裡祕密地表白了各自內心的熾熱的愛情。進展相當神速，最後終於在拉恩先生的面前坦白了他們的情感，取得了他的同意，正式訂了婚。

當然，愛情也不總是一帆風順的，也免不了有這樣或那樣的糾葛，例如費希特有時熱衷於他的學術研究而較少地表露戀人的狂熱，可能引起了拉恩小姐的不安，她憑一般婦女的心理懷疑她的愛人對她的愛是否是因爲他暫時找不到別的女人所致，以致惹起了我們這位未來哲學家寫了這樣的信：「首先，我趕緊回答妳的問題。── 我對妳的愛是否也會是由於我找不到同另一個女性交往而產生的呢？對於這個問題我相信我可以作出明確的答覆：我曾經認識許許多多女人，並且同她們有過各種各樣的交往，對她們我也曾經有過多種多樣的感覺，但是我認爲，這些感覺與我在妳身上體驗的那種感覺相比，並不只是程度上的不同，而且肯定有種類上的根本差異。我還從未對另一個人有過像對妳的那種感情。這是怎樣的一種眞誠的信任，既不懷疑妳能欺騙我，也不想隱瞞我對妳的深情；這是怎樣的一種渴念，想使妳完全了解我，有如我了解妳一樣；這是怎樣的一種依戀，任何人還從未對之有過最細微覺察的感受；這是怎樣的一種對妳的精神的崇敬之情，在妳的決定中我還從未感到一種悲觀絕望。── 請妳自己判斷一下吧，是否是由於找不到同另一個女性交往而使得妳在我身上產生了一種我對任何人都不曾產生的印象，使得妳認識到我有一種完全新的感覺」❻。

---

❻ 《費希特書信集》，E.貝爾格曼編，1919年，德文版，第3-4頁。

不過，拉恩小姐最大的不安，還是費希特要離開蘇黎世去到國外尋求尚是渺茫的前程。她沒有理解費希特內心的矛盾：一個卑微的家庭教師無論如何是沒有權利向一位有錢有勢的貴族小姐求婚的。費希特固有的高傲性格告訴他，只有當他獲得了自己的聲譽和地位，取得了一個理想的職業，他才能和他的未婚妻正式結婚，否則，或者這門婚事徹底完蛋，或者他永遠被人看不起。因此，最後費希特不得不忍痛地把他的打算用信毫不隱瞞地告訴了拉恩小姐；他暫時需離開蘇黎世，動身到來比錫去爭取一份工作。他的信是以一種憂鬱而不安的心情開始的：

「我憂慮地又拆開我的信。——噢，為什麼我是這樣的笨拙？為什麼一個如此丑鄙的老婦人一定要在菩提庭院？——我為什麼這樣長時間的被耽誤，以及還有其他許多為什麼。

我自己幻想的歡樂總是一而再地被搗碎。我曾看到了妳——啊，那只是一瞬間，我其實什麼也沒看見，只看到了妳的窘狀。此後在妳那張可愛的臉龐上我再也不能繼續往下思考了——那上面有太多的東西。但是，不管是誰，如果他像我這樣狼狽，像我這樣驚慌失措，像我這樣總是考慮和感覺著這類事情，那麼他也肯定會在像妳那樣的臉龐上讀不到那裡所含有的深邃的思想。一個無動於衷或狼狽不堪的人在妳那臉龐上除此之外還能看出什麼呢？——我希望再看到妳，當我從狼狽中恢復過來後，當我使妳確信我在這個城市不會再碰見妳之後，我跑到那條林蔭小路上，我希望去那裡能找到妳。我匆忙地戴上長柄眼鏡，環視這條小道，我被那裡遠遠所看到的每一個女子所欺騙——我本想在那裡急急地把妳的信讀一遍，但不能夠——我跑回家，沒有人等待我，從3點55分到3點60分，我就如飢似渴地匆匆讀完了它，然後我立刻去到妳家，希望在那裡見到妳——我敲門——有人答應，然後妳的爸爸來了——看上去他不是一位很善於察顏觀色的人，否則他一定會覺察到我對他的出現的不感興趣——我笨拙地做了一個高興的表情，然後假裝安靜地同他去了托伯勒先生家。——在回來的路上我問到了妳。——但願妳也去這位平衡器老板托伯勒家！——在告別時，我還期待——多麼幼稚！——我是否能夠把給妳的信轉交給他，但不行，所以我只好懊喪地回到了家」❼。

接下來，費希特詳盡地談了他頭腦裡的各種各樣的計畫和打算，他想出版一個文藝批評雜誌，以向讀者介紹有益的讀物和批評有害的讀物；他也想創辦一所演講學校，培養高級的講演人員；他也想能在德意志某個宮廷當一名王子的教師；同時他也想到教堂裡去做一名宣講師。他全身心對於未來充滿了熱情和希望，他只想行動。他說：「我不願只是想，我一定要去幹」，「我幹得愈多，我便愈覺得快樂」。他在給約翰娜·拉恩的信中這樣寫道：

「整個來說，我是這樣想的，我生活的最終目標就是要把

---

❼ 《費希特書信選》，第29-30頁。

命運容許我的一切（當然不是我在其中多見虛華不實的科學教養，而是品格教養）給予我自己。

我在自己生活中找尋天意的指示，並且認為我的生活只可能與天意對我的安排相一致。我曾經歷過許多境遇，做過許多事情，認識過許多各種各樣的人和事。總之，我覺得通過這一切經歷，我的性格變得更穩定了。在我最初投生到世界上來時，除了一個易受教育的心靈外，我欠缺一切東西。當時我所欠缺的那些品格，雖然有許多我以後獲得了，但仍有許多全然欠缺著，其中就有這樣一種品格，即為了完成大事，我必須隨時使自己適應其他人，容忍那些見解錯誤的或與我的性格全然相反的人。沒有這種品格，我絕不能把上天可能賜予我的才能運用得像有了它我所能運用的那樣。

上天是否有意在我身上發展這些才能呢？上天難道不想讓我到一個更廣大的舞臺上去施展自己的才能嗎？我受一個宮廷的雇佣，我承擔一個教育王子的計畫，您父親帶我到哥本哈根的打算，凡此種種難道都不是上天為達到這個目的而作的暗示或途徑嗎？難道我應該把自己局限在一個對我還不合適的較狹隘的境地，來阻礙這個計畫的執行嗎？我並沒有那種卑躬屈膝的能耐，去應付那些我認為討厭的人。我只能與善良而誠實的人相處，我是太坦率了。——這一點在妳看來，可能正是我不應去到宮廷的一個理由，但是在我看來正相反，如果我有一個這樣的機會，這正是我必須去的理由，因為這樣我就可以獲得我所欠缺的東西了。

我知道一個學者的職責！——對此我並沒有什麼新的想法。做一個專業學者，我根本沒有這個才能。我不願只是想，我一定要去幹。……我只有一個激情，只有一個需求，只有一個我自身的完全感覺，這就是去影響我周圍的人，我幹得愈多，我便愈覺得快樂。難道這是一種幻想嗎？也許是的，但是它的根底裡包含真理。

但這確實不是幻想，確實有一種被善良的心靈所愛的天職感，去認識那些對我表示生動的、內在的、熱烈的、永恆的同情的人。自從我更深地認識妳的心靈後，我就無處不在地感覺到這種天職」❽。

和未婚妻離別當然是痛苦的，但這時費希特對未來充滿了希望和抱負，離別的痛苦他只能深深埋藏在心底裡。1790 年 3 月底，費希特一方面心情非常難受，另一方面又對未來充滿了美好的憧憬，離開了蘇黎世，動身到他的祖國去了。他身邊帶有瑞士朋友給符騰堡和魏瑪宮廷的推薦信。貧窮使他不得不大部分仍是步行前往，正如他來蘇黎世時一樣，這種徒步的旅行曾給他帶來勇氣和希望，不過現在更增添了一層詩意，那就是對心愛人的思念，心愛人如同遠方的星辰一樣，在茫茫黑夜中常常給他指明了方向，帶來了信念。費希特知道他自己現正和人世作一場搏鬥，在這場搏鬥中，他可能勝利，也可能失敗，但是，只要忠實於自己，大膽地去走自己選擇的道路，這就盡了自己的職責，因為正如他說的，「後果是完全掌握在上帝手中的」。他在此時給他父母

❽ 《費希特書信選》，第32-35頁。

寫的一封信上有這樣一段話：「這裡的一位教授這樣講過，我走的道路，或者爬得很高，或者完全失敗——他說得對，但是我希望前者，而且也將經受得住後者。至於緩慢悄悄地走平常人的路——讓自己做一個鄉村牧師，我是絕不願走的，而且上帝也知道，我是不能走這條路的」❾。在他前面只有一個目標，就是發展他的天性，去找到適合他的天性的職業。他的勞動可能艱苦，但這不能是徒勞白廢，因爲他的命運雖然至今還沒有明確確定，但他的良心和追求卻是純潔的，他要在世界上找尋與世人可以共同分享的至善。

費希特在四月底抵達斯圖加特，但他給符騰堡宮廷的推薦信沒有得到絲毫的結果。不久他就離開了，在去薩克森的途中，他訪問了魏瑪，希望在那裡能見到狂飆突進運動的偉大領袖人物，並通過他們能在魏瑪宮廷謀得一個教席。可是，命運總是與他作對，他沒有見到赫爾德，因爲赫爾德正在生病，他也沒有會見歌德，因爲這位坐在魏瑪神殿裡的朱比特此時到意大利旅遊去了，他又沒有得見席勒，因爲席勒那時已擔任耶拿大學歷史學教授，正緊張撰寫他的講義，無暇接待客人。因此，魏瑪宮廷的教席又落空了。大約五月中旬，他回到了來比錫，力圖在來比錫實現他的計畫。

等到他給各處宮廷的推薦信都失敗的時候，費希特就試圖在來比錫實現他的第二手計畫，就是創辦一個文學雜誌，其宗旨是揭露當代流行文學的危險傾向，指出正確的鑒賞情操和純正的道德行爲的相互影響，並且向讀者推薦一些過去和現代最優秀的作

❾ 《費希特書信選》，第36頁。

品，但他這計畫遭到書商的反對，自己又無錢獨立經營，因而很快這計畫就成了泡影。他也曾想從事一些文學的創作活動，首先他把自己那篇評述聖經史詩的論文送到《德國博物館報》去，但卻因爲膽怯的編者害怕有損克羅普斯托克的聲譽而被退了回來。他也曾想寫一篇悲劇，杜撰一些羅曼蒂克的小說，但這在他看來，只是荒廢時間，毫無意義，這一切正如他在給他未婚妻的信中所說的：「我把這計畫（指創辦文學雜誌——引者）講給魏斯和巴爾麥這些很有頭腦的人聽，他們完全贊同，認爲這是很有益的想法，確實是時代的需要。但是他們告訴我，我將找不到出版家，因此我毅然不把我的計畫告訴任何書商。爲了得到一點錢，我必須寫一些既不是好的又不是壞的作品，當然有害的東西，我是永遠不會寫的。我現在寫一部悲劇，這至少是我可能應付的，我也想寫小說、一些浪漫的故事，這類讀物沒有別的好處，只能荒廢時間，但卻受書商們歡迎，並能得到報酬」⑩。

當所有這些打算和計畫都一一失敗或不能實現的時候，費希特身邊的一小筆資金已全部用盡，他又跌回到窮窘不堪的境況，甚至比前往蘇黎世任教前的境況更狼狽。生活的煎熬使這位窮困潦倒的青年最後又把他的目標寄托在薩克森地區做一名鄉村傳教士的職位上，他想這可能是他暫時擺脫生活重壓，並有閒暇去發展自己精神秉賦的唯一出路。但要取得這樣一種職務，他必須完成神學的研究，並參加聖監理會前的特別考試，可是，他哪有繼續這種研究的經濟條件呢？爲此，他不得已向薩克森區宗教監理會主席提出一個請求，希望他們照著通常資助研究神學的薩克森

⑩ 引自《費希特，行動在召喚》，第46頁。

窮苦學生的辦法，給予他一小筆津貼，讓他得以完成所必需的神學研究，信是這樣寫的：「仁慈的閣下，請允許我把自己的景況如我自己所知道的那樣真誠而坦率地報告給您。在中學裡，我的智力並不遲鈍，這一點人們是可以相信的，我當時的學習和我在校的考試成績可以證明。在我大學學習期間，最艱辛的窮困曾把我壓倒在地。當我痛苦地爲此感到羞耻時——我敢於向閣下表露我的一切缺點——這種窮困對於我來說就更加難以忍受。它奪走了我一切上升的可能性……我相信，一般可以這樣說，憑藉我確實會運用的勤勞，以及上帝賜予的並且至今仍仁慈維護的我的才幹，在這裡並在復活節期間，我可以補上我所耽誤的課業，然後在聖監理會前光明正大地參加考試。當然，這需要我擺脫其他的事務和生活的顧慮，把我的時間全部認眞地投入這件事上。沒有這個條件，在來比錫的逗留對我是毫無益處的，因爲我爲了維持生活必須把自己的全部時間耗費在完全是別的事情上。在我大學學習期間，我從未享受過學生的公共福利，也從未得到過助學金或類似這樣的資助，儘管我確實是貧困不堪。鑑於這種情況，我希望獲知，是否有可能在短時期內給我一些足夠的資助，使我在復活節前能無憂無慮地從事神學研究？閣下是否認爲對此值得給我以您的仁慈的贊助和代爲請求呢？……關於我來來比錫後的道德行爲，巴爾麥教授和縣稅收員魏斯閣下可以作證。至於在我逗留過的其他地方，我可以爲我的道德行爲出示品行最端正的證明」⓫。

可能再沒有比這更懇切的信了，但是，可憐的費希特！連這

⓫ 《費希特書信選》，第37-40頁。

樣卑微的請求也未能得到批准，原因是懷疑他的非正統觀點。這時費希特的處境眞是悲慘極了，眼看就要到了斷餐去典押的境地。這裡有一封費希特寫給他昔日恩人的兒子第特里希・封・密爾鐵茲的信，我們可以看到他當時在來比錫是怎樣的窮酸：「我不希望讓人懷疑我經濟窘迫，如果在我前信中我已經講到了這一點，現在再一次講，那是因爲您前一次慷慨解囊對於我來說並未用得多久。我怎麼會把大筆的捐贈花得這樣快呢？這從下述情況自會明白，因爲在德累斯頓每兩天就要支付房租和膳食費，到來比錫的旅行以及這裡到德累斯頓的旅行費，還有其他種種開支，雖然都是少量的，但這些少量加在一起卻是一項可觀的支出。我不久又要陷入原先的極度窘境中了，我每天期待您的答覆。最後，爲了生存和名譽，我不得不把我的衣服（除了穿的外）拿到當舖裡去典押，因爲不這樣做，我就得不到任何錢。我羞愧地把這告訴您，因爲我承認，一旦我失去了生計和名譽，要在下述兩種情況裡做選擇，即不執行我對他人的諾言，不按期付款，或者典當身邊所有東西，那麼我絕對會選擇後一種辦法的。即使現在我還能忍受一切必需生活品的缺乏，但幾天之內，除了生命之外，我現在僅有的那微薄的一些東西也將失去，就是以後得到救助，我也將無可挽回地被毀滅了……」⑫。

爲了解決生活燃眉之急，費希特這時在來比錫不得不從一種臨時性的工作轉到另一種臨時性的工作，一個時候他給一個青年每天中午教授一小時希臘文，其餘時間又去找別的工作。他這時內心的痛苦和煩惱是可想而知了，在給愛人約翰娜的書信裡，他

---

⑫　引自《費希特，行動在召喚》，第47-48頁。

甚至也表露了憤憤不平的情緒， 過去他說:「我幹得愈多，我便愈覺得快樂」， 現在他說:「我愈寫得多，我愈加碰到困難」，即使約翰娜的溫情勸誘和懇切敦促要他回到蘇黎世去，也安慰不了他。最後，他不得不打消一切不切實際的想法，在來比錫重又操起他極爲不滿意的家庭教師職業作爲暫時餬口的生計。

三、康德哲學的啓示

正當費希特在來比錫焦頭爛額、走投無路的時候，有一位學生以經濟補貼的方式提出要他指導閱讀康德的《純粹理性批判》一書。康德這本書發表於 1781 年，但直到 1789 年才爲人們所知曉。費希特以前從未讀過這本書，但當他一跨進這本書的思路，他立即爲這本書的思想吸引住了，他不再認爲他的前程和方向是渺茫不定的了，而是感到它們是非常確定的。

1790年 9 月某一天，約翰娜突然收到她的未婚夫一封充滿快樂和幸福的信，這是她的戀人以往通信中從未有過的一種新的情緒：

「在我的好作計劃的精神面前，我已找到了安寧。我要感謝上帝，正在我的一切希望差不多全要幻滅的時候，他把我安排到一個使我能安靜而愉快地忍受失望的境地。由於一種純出於偶然的原因，我專心一意地研討了康德哲學。它是這樣一種哲學，它把那種在我這裡一直是很强烈的想像力抑制住了，給予理智以極大的優勢，而把整個精神提升到一個超越一切塵世事物的無法形容的崇高地位。我已得到了一種更高尚的道德，我更致力於研討我自己，而不致力於考慮在我之外的事。這使我得到一種我從未能經驗到的寧靜。我在一個不安的外在的境況裡度過了我最快樂的日子。——我至少將把我生命中好幾年時光奉獻給這個哲學，無論如何，從現在開始的若干年內我所寫的一切著作，都將是關於這個哲學的。這個哲學是想像不到的艱深，迫切需要把它加以簡易化。假如我在蘇黎世——那裡沒有一個人理解它——能够讓這個哲學為人注意做些工作，那麼這對於我來說將是雙倍的快樂。這個哲學的基本原則當然是撕裂頭腦的思辨，這種思辨對於人的生活沒有直接的影響，但它的後果對於一個其道德從根底裡就已敗壞的時代，卻是非常重要的，把這些後果以一種明瞭的方式呈現給世界，我認為是對世界的一個貢獻」❶。

同樣，在他給他兄弟哥特海弗（Samuel Gotthelf Fichte 1771-1800）的信中，也是充滿了這樣一種喜悅的情調：

「由於煩惱，我投入了康德哲學（這個名字對於你來說，也許曾在你讀過的某本書中出現過），這個哲學既振奮人心又搗爛頭腦。我在其中找到了一個可把心靈和頭腦全部放入的事業。我的猛烈的向外擴張的精神沉默了下來，這幾天才是我曾經享受過的最幸福的日子。雖然這時我每天仍為麵包而擔心，但是也許這時我是這廣大的地球上最幸福的人中間的一個。——我開始寫一部關於這個哲學的著作，這部著作也許不會發表出來，因為我也許不會完成它。但由於它，我有了這些天幸福的日子，而且我的頭腦

❶《費希特書信選》，第52-53頁。

和心靈經歷了一場很有益的革命」❷。

康德哲學裡究竟是什麼使費希特如此興高采烈呢？要理解這一點，我們有必要談一下《純粹理性批判》的基本觀點。康德曾經把他的批判哲學認爲是在哲學領域內完成了一場「哥白尼式的革命」，這場革命的本質是什麼呢？難道是他那個可思想而不可知的極端抽象的物自體學說嗎？或者是他關於先天綜合判斷如何可能的那種枯躁乏味的邏輯論證嗎？還是他所採用的那種前無先例的拙劣而僵硬的文體呢？看來都不是。康德哲學的最大功績，是在於他第一次在認識、倫理和美學各個領域內全面提出了主體性的問題，人與自然、理性和物質這兩個對立面，究竟哪一個是眞正的主體呢？這是自古兩千多年一直苦惱著人類思慮的大問題，現在康德認爲只有人或理性才是眞正的主體。在整個哲學史上，人們過去一直認爲，認識只帶有被動的直觀的性質，而康德在他這部著作中，摧毁了這個正統觀點，通過對先天綜合判斷的分析，康德第一次明確地提出了認識的主體能動性觀點。他認爲，認識絕不只是感覺材料，感覺材料要成爲知識，一定要有某些先驗的感性形式和知性範疇對之加以綜合，如果沒有這套主體的認識形式，我們就不可能得到普遍而必然的科學知識。他說：「意識的綜合統一性乃是一切知識的客觀的條件。它不只是我自己在認識對象時所需要的條件，並且是一切直觀爲了成爲我的對象必須從屬的條件。因爲，如果沒有這種綜合，雜多的東西就不會統一在一個意識裡面了」❸。這種綜合，在康德看來，就是

---

❷ 《費希特書信選》，第164-165頁。

❸ 康德：《純粹理性批判》，邁納出版社，1921年，B 138。

「主體的自我能動性的活動，所以它只能由主體自身做出來」❹。人在康德看來，並不只是自然的產物，他認爲，眞正說來，自然才是人的產物。康德第一次賦予人的主體實踐以頭等重要的意義，他認爲人才是自然的眞正立法者。

海涅曾經說過：「從前當人們把地球當作靜止的東西，而讓太陽繞著地球旋轉的時候，天算總是不大準確的，這時哥白尼讓太陽靜止下來而讓地球繞著太陽旋轉了，於是看吧！現在一切都圓滿地運行起來了。以前理性像太陽一樣圍繞著現象世界旋轉並試圖去照耀它，但康德卻讓理性這個太陽靜止下來，讓現象世界圍繞著理性旋轉，並使現象世界每次進入這個太陽的範圍內，並受到照耀」❺。如果哥白尼的學說被說成是太陽中心說，那麼康德的學說完全可以說成是「理性中心說」。

這是一個偉大的思維工程。馬克思說：「從前的一切唯物主義——包括費爾巴哈的唯物主義——的主要缺點是：對事物、現實、感性，只是從客體的或者直觀的形式去理解，而不是把它們當作人的感性活動，當作實踐去理解，不是從主觀方面去理解。所以，結果竟是這樣，和唯物主義相反，唯心主義卻發展了能動的方面」❻。按照馬克思主義的觀點，人是以自己的行動爲分光鏡來觀察事物的，而意識不僅僅反映世界，而且還創造世界。這個見解應當說發源於康德。

如果把這個觀點運用到當時困惑著德國人思慮的所謂天命必

---

❹ 康德：《純粹理性批判》，B 130。

❺ 海涅：《論德國宗教和哲學的歷史》，第108頁。

❻ 馬克思：<關於費爾巴哈的提綱>，見《馬克思恩格斯選集》，第1卷，第16頁。

然和人的意志自由的關係問題上，當然可以得出一個完全新的結論。人不再是自然手中的工具，受命運必然所支配，正相反，人的意志是自由的，自然倒是人的奴僕，人可以創造世界，改變命運。

早在前幾年，當費希特還束縛在斯賓諾莎的必然框架裡的時候，他已經有所覺察，斯賓諾莎這一體系最終的結果是不能令人滿意的。他天性中的那種我行我素的獨立自由因素和那種永不休止的事業進取精神是無論如何不能與那種決定論體系相協調的，他必須找到滿足他精神和性格需要——自由意志和自我決定——的哲學體系。他似乎經常感到，他的理智所滿足的理論與他的情感和氣質是相矛盾的，他不能調和這種矛盾，所以當他一接觸到《純粹理性批判》，特別是《實踐理性批判》，他立即被這個新的哲學體系迷住了。在這個新體系裡，通過徹底地考察人的認識能力，人的知識的界限被精確地劃定了，知識只是感覺的世界，對於超感覺的世界，理論理性是無能爲力的，但如果你在超感覺的道德實踐的領域中，你就會悟到眞正的自由，義務並不是奴役人的權利，而是被自由意志看作它存在的絕對法則，在義務的權限內，自由意志可以遇到自然的必然性，但它可以摧毁它道路上的一切障礙，最後上升到一個獨立的永恒的存在最高領域。這樣一種理論把費希特從斯賓諾莎的決定論的獨斷論中喚醒，使他從那種絕對必然性的束縛中解脫出來，眞正認淸了人的意志自由。他現在對於自己的命運不再像過去那樣怨天尤人了，他認識到命運是應當自己去操縱去控制，他感到自己又恢復了過去的那種熱情和毅力，他要在這個世界上重新戰鬥。他在給友人阿基尼斯（H. N. Achelis 1764-1831）的信中寫道：

「在來比錫最後度過的四、五個月，是我生活中最快樂的時期。使我最滿意的是，在這種快樂中我無需任何人的些微幫助。您知道，在離開蘇黎世之前，我就有些病了，這或者是由於想像，或者是因為食物不合我的口味。自從離開蘇黎世，我就感到舒暢多了，我知道怎樣去珍惜這種幸福。我在蘇黎世逗留的環境，甚至我的旅行，把我的幻想限制在一種非自然的重力下，當我來到了來比錫，我腦子裡充滿了各種大計劃，但一切都失敗了。……既然我不能改變我的外在環境，我就要決定進行內在的改變。我讓自己去研究哲學，正如您所知的，去研究康德哲學，在這裡我找到了醫治我的一切罪孽的救方，而且感到非常快樂。這個哲學，特別是它的倫理方面（但若不先研究《純粹理性批判》，這方面是不會明瞭的）加於整個精神生活的影響，尤其就它在我自己思想方法上所引起的革命來說，都是不能以言語來表達的。我尤其要對您表示感謝，因為現在我衷心地信仰人的自由了，並確信唯有根據這個假設，義務、德性或任何其他種道德，才有可能。——我從前確曾感到這個真理，也許是受了您的教益。而且我還認為，許多對社會有害的結論顯然都是從那種認為一切人的行為都是必然的這個普遍所接受的原則而來的，這就是所謂上層階級大部分道德敗壞的根源。如果有人接受這個原則而能出泥而不染，這絕不是由於這原則本身潔白無瑕，更不要說是這原則的功用了」❼。

---

❼ 引自斯密士的《費希特追憶》，第27-28頁。

康德哲學的研究和發揮，就是這時費希特爲自己設想的最好前程，他說他要在最近幾年集中研究這個哲學，討論這個哲學和發揮這個哲學。不過，他不認爲他只是一般地解釋康德哲學，他要發揮康德哲學中最主要的東西，即實踐理性的學說，他要把康德哲學在人生、社會和道德倫理方面所導致的結果昭如白日地揭示給人們，讓人們知道社會道德敗壞和國家貧窮苦難的根源何在，從而使人類自身和社會整個地經歷一場徹底的改造。在康德的三大批判中，他特別著力於《實踐理性批判》，他在1790年8月底或9月初寫給他的同學和朋友魏斯宏（F. A. Weisshuhn 1758-1795）的信中說：「自從我讀了《實踐理性批判》後，我進入了一個嶄新的世界。我曾經相信是不可駁倒的原則，現在在我看來是被駁倒了；我曾經相信是永遠不能證明的事情，例如絕對自由的觀念，義務的觀念等，現在在我看來是被證明了。我簡直成了一個樂天派。這個體系對於人是怎樣的尊重，給予我們是何等大的力量，是難以言說的！可是我爲什麼要對您說這些呢，您早就比我更知道這一切了！這對於一個道德從根底裡開始就被敗壞了的、而義務的概念在一切詞典裡都被刪去了的時代，將是何等的幸福」❽。在上面所引的那封給約翰娜・拉恩的信裡他也說：「告訴妳的仁慈的父親——我愛他像愛我自己的父親一樣——，我們在研討一切人類行爲的必然性時是誤入歧途了，因爲雖然我們在討論時所做的論證是正確的，但我們卻是從一個錯誤的原則出發論證的。我現在完全相信，人的意志是自由的，享受幸福（Glückseligkeit）並不是我們存在的目的，只有獲取幸福

❽《費希特書信選》，第48-49頁。

(Glückwürdigkeit)才是我們存在的目的」[9]。

人的精神在任何時代，都是由特定的社會歷史條件所決定的。當時封建割據的德國是一堆正在腐朽和解體的討厭的東西，一切都顯得糟糕和爛透，一切有志的青年所極爲關切的是怎樣改變這種眼看就要坍塌的局面，如果說法國革命對他們來說是太猛烈了，那麼康德哲學卻是一付最好的改良人心和社會的藥劑，這付藥劑不需要採用暴力，毀壞一切物質文明，而是先根治人類自己的精神創傷，然後以一種嶄新的人類精神去改革社會。從康德到黑格爾的德國古典唯心論最大的成果就是強調這種從內到外的變革，以實踐理性作爲他們哲學的中心。他們都各以自己的哲學體系來發揮這一實踐理性的學說，在費希特這裡，實踐理性稱之爲絕對的自我，而在赫爾德那裡稱爲存在，在謝林那裡稱爲絕對的理性，最後在黑格爾那裡則稱爲絕對精神。

費希特自從找到了這付濟世良劑，他的那種不斷向外擴張的不安寧的精神確實安定了下來，這裡有他當時的一張作息時間表，這是他爲了使他的未婚妻不要爲他健康擔憂而寫信告訴她的:「五點鐘我起床，一開始非常困難，因爲我原先一直起床很晚。我試圖強迫自己這樣做，反而卻愈加緊張，因爲由於這種強迫我同時又想逼迫自己去自我克制。從五點直到十一點鐘（有半個小時例外，因爲我要穿衣服）我學習，從十一點到十二點，我給一個年輕人教一個小時希臘文，我力圖勤勉地做這件事，以便讓自己不要因爲永恆的思考而忽略那種給別人作講演的才能，並且在大腦工作之後給予肺有點事去做。從十二點到一點，我在一

---

[9] 《費希特書信選》，第53頁。

家中等水平招待頗好的食堂吃飯。從一點到兩點，我去城市花園附近散步，這時不考慮許多嚴肅問題。從兩點到三點讀一些輕鬆的東西，或者寫信，假如有信要寫的話。從三點到四點，我給一個大學生上康德哲學課（這是引起我研討康德哲學的一個原因）。當然，這從一方面來說是一樁大傷頭腦的事，但從另一方面說，卻是一種屬於明確思維、也是爲了想像力的工作，同時也有益於建立心智力所支配的均衡關係。從四點到六點，不管是什麼天氣，我都要跑步，而不是散步，讓想像力完全自由地奔放，穿過田野，衝過森林——特别是在下雨的時候或刮風的時候。從六點到黃昏又學習一會兒。當燈亮時，繼續認眞學習，但不太長，到十點鐘爲止」⑩。費希特說，這張作息表乃是增進身心兩方面同樣健康的練習，使他整個一天完全是好的情緒，找不到有任何不愉快的一分鐘。

按照費希特的打算，他首先應爲《純粹理性批判》中的「先驗分析論」寫一篇簡明扼要的解釋，然後著重寫一部關於康德《判斷力批判》的疏解，因爲他認爲後面這部書闡明了康德三大批判的內在聯繫，是研究康德哲學的入門書，他想按照康德本人在《判斷力批判》一書導言中的暗示來闡明康德三個批判的內在關係，特別指出《純粹理性批判》在《實踐理性批判》和《判斷力批判》裡的發揮，以強調康德的理論理性和實踐理性統一的原則。他計劃這部書分兩部分，前一部分闡述審美能力，後一部分闡述目的論判斷能力。1790年秋，這部《判斷力批判疏解》第一部分終於寫出來，並且送到他的朋友魏斯宏那裡請求修改，他原

⑩ 《費希特書信選》，第55-56頁。

希望在回蘇黎世之前能將這部分出版，可惜這個打算未能得到出版家的重視，原稿送來送去多次，一直未能出版。至於這部著作的後一部分，也由於有些事務必須使他離開來比錫，寫作計劃不得不打斷，後來他也沒再有機會去完成它，直至今天，這部著作已寫就的第一部分也未能收入費希特的遺著中，使我們無法了解費希特最初的思想。

正當費希特如癡如狂地醉心於康德哲學的時候，他的未婚妻拉恩小姐卻感到惆悵了，她不願她的丈夫在離開她時這樣興高采烈，她與蘇黎世的朋友有同感，康德哲學不值得她未婚夫這樣如饑似渴地研究，對於拉恩小姐來說，康德哲學猶如一個可怕的情敵，她擔憂康德哲學會減弱她未婚夫對她的感情，她迫切地希望她的未婚夫迅速回到蘇黎世同她結婚，然後聽憑命運給他安排一條生活道路。對於未婚妻這種要求費希特猶豫了好久，一方面似乎他不應該拒絕她的這種合理要求，但另一方面他又感到他至今尚未取得他應允要帶回蘇黎世的那種聲譽，如果這樣回去，可能會受到別人的嘲笑，因此他最後只得這樣給他愛人寫了一對信：「我現在還不是那種值得妳如此眷愛的人，即使妳認爲我是這樣，那麼妳的朋友、妳的同鄉就會認爲一個這樣既沒有工作又沒有名譽，也沒有以任何一種方式使自己出名的人，是不值得妳愛的。如果像我這樣自從離開以來沒有做出什麼成績的人現在又立刻出現在蘇黎世，那將會遭人眼目的。我將怎樣對自己稱呼呢？至少也應當讓我不辜負自己要取得一個學者頭銜這一要求吧」⑪。他原打算等他那本《判斷力批判疏解》在下一年新春博覽會上付

⑪ 《費希特書信選》，第51頁。

印，並在書上印上自己的名字，這樣他可以不是完全沒有榮譽地回去，但這一打算並未實現，他不得不想推遲回蘇黎世。但拉恩小姐的態度是堅決的，她絕不允許她的未婚夫再猶豫不決了，幾次催促費希特趕快回來。費希特終於在愛人的堅決催迫下，在1791年春天贊同了她的懇求，決定先回到蘇黎世同她結婚，他在3月1日寫給拉恩小姐的信中說:「在這個月底，我得脫身了，一定到你這裡來。我想沒有什麼事情可以阻礙我。的確，我還在等候著我父母的同意，但我向來這樣穩得他們的疼愛 —— 如果我可以這樣說的話，那就是穩得他們對我的意見的聽從 —— 所以我用不著顧慮他們方面會有什麼阻礙」⑫。

然而，正如費希特自己經常所說的，命運似乎總是與他作對，不幸之神又在等待著他，這次挫折倒不是來自費希特家庭方面，而是佔哈特曼·拉恩先生大部分產業的一家商店由於經不住經濟危機的衝擊而在這一年倒閉了，拉恩一家陷入了極大的經濟困境中，年老體弱的拉恩先生受這意外的打擊不幸病倒，因此拉恩小姐需要用全副精力來照顧她的父親。這樣，他們的結婚計畫只得暫時推遲。

但有著康德精神武裝頭腦的費希特此時已堅定地走上人生之道了，他絕不會被命運所壓倒，他堅信，在這世界坐享幸福是絕不可能的，幸福是要通過艱苦鬥爭奪取過來的，他曾經說過:「在我們國家制度下的大地是辛苦和勞動的大地，幸福快樂的大地並不在我們蒼天之下。但是，這種不幸對於人們來說卻應當是一個起推動作用的螫刺，用以鍛鍊他們的力量，以便在同不幸的

⑫ 《費希特書信選》，第67頁。

鬥爭中，在爲他們未來的幸福而進行的艱難鬥爭中使他們堅強起來」⑬。不是坐享幸福，而是無休止地工作，這時成了支配費希特一切行動的準則。

迫於生計，費希特這時接受了華沙一個貴族家庭任私人教師的職務。1791年5月他長途跋涉去華沙，途中經過比蘇佛斯維塔，見到了他的兩個兄弟和他的善良忠厚的父親，看見了父親辛勞一世而滿臉皺紋的容顏，不禁使他感慨萬分，他在日記裡寫道:「啊！上帝，讓我做一個這樣善良、眞誠和可敬的人吧」。他多麼想在老父的身邊多逗留幾日，但任務在身，他只得忍痛離開了。6月7日到達目的地。他的主人普拉特伯爵是個性格開朗，而思慮遲鈍的人，但伯爵夫人卻是一個道道地地的貴族小姐，她看待一切教師如同奴僕，盛氣凌人，因此在這裡又是發生老是發生的那種事情，他未能博得女主人的歡心，伯爵夫人時刻覺得他那種獨立的天性是難堪的，他講法語的重音是可怕的，他那種德國人的粗魯舉止是不能容忍的，這一切使伯爵夫人認爲他不配擔當一個波蘭容克地主兒子的教師。費希特不久也發現這不是他作爲一個教師應留的地方，這裡沒有對教師一般所有的那種尊敬，他也特別看不慣這位貴族夫人的塗脂抹粉、矯揉造作的姿勢。結果不到幾天，雙方就鬧翻了，伯爵夫人要替這個不受歡迎的教師另在別家謀個職位，但費希特絕不肯讓人看待他像物品一樣，可以轉售給他人，他要求辭職以及賠償損失。辭職很快就准許了，唯有賠償損失一項，頗經多方周折，但最後總算解決。有了幾個月的生活費用，費希特產生了一個新念頭，他決定在返回來比錫

---

⑬ 《費希特全集》，1971年，德文版，第6卷，第5頁。

的途中，往哥尼斯堡拜謁他心目中的上帝——康德。

1791年6月25日，費希特從華沙起程，7月1日到達到哥尼斯堡，寄住在一家破爛不堪的小客棧裡。4日他拜訪了康德，但這位譽滿全歐的高齡的哲學家接待他卻似乎很冷淡，費希特對這次會見頗感失望。有一次，他去旁聽康德講課，也同樣感到很掃興，康德的講演是那樣枯躁乏味，令人困倦，他眞料想不到這個在講臺上半帶瞌睡的龍鐘老人就是把他從迷霧渺茫中喚醒過來的《純粹理性批判》的作者。但是他並沒有完全灰心絕望，他相信一位這樣偉大深刻的哲學家絕不會是感情外露的，只有經過深入的接觸後才會表露他眞正內在的品性。他決定採取一種更爲鄭重的辦法引起康德對他的注意，他想獨自先寫一篇論著以作自己的介紹信送呈康德。這樣，他於7月13日起獨居棧房開始撰寫《試評一切天啓》，一連寫了五個星期才完成。這可能是歷史上最爲動人和最富有教益的事了：一個青年人，遠離他的故鄉，沒有朋友，沒有金錢，沒有個人生存的資料，只有對眞理的一片赤誠的愛，孜孜不倦地在一間極簡陋的小房間裡埋頭於闡發一部偉大著作中尚未明確表露的一個觀點，以便使自己得到這位偉大哲學家的友誼和信任。上帝不負有心人，費希特終於寫就了這篇論著，這是費希特後來一舉成名的著作。8月18日，他把這篇論著送呈康德，希望這位偉大哲學家看了這篇論著後對他有一個評價，爲他接近這位偉大哲學家的內在精神搭上一座橋樑。附在這篇論著一起的是一封極其謙恭而又眞摯感人的信：

「最值得崇敬的人：

因為其他的稱呼只能留給那些不是完全配得上這個稱呼的

人。——我來到哥尼斯堡是為了更切近地結識一位受到整個歐洲崇敬的人，但肯定全歐洲只有少數人像我這樣地敬愛他。

我已向您做了自我介紹。後來我才考慮到，要求結識這樣一位人物而不出示任何證書，實在過於唐突。我應當有一封推薦信，而我只喜歡我自己為自己寫的推薦信，這裡我將它奉上。

我懷著喜悅的心情考慮的這些東西，卻不能懷著同樣的心情將它交給您，這使我感到痛苦。對一個在他的研究領域中能夠深刻地覺察一切現有和已有的東西的人來說，這裡可能讀不到什麼新的東西，他會對此感到不滿意，而我和其他所有人則只能鵠候他的裁決，以此來接近他，就像接近一個人體中的純粹理性本身。過去，我的思想一直在許多迷宮中徘徊，不久前我才成為批判〔哲學〕的學生，並且這位學生的處境只允許他將以後這段時間中的一小部分用於對批判哲學的研究，因此，也許即使我的研究工作還是中等的程度，以致大師還無法發現其中最優秀的成份，我仍會受到這樣一位人物以及我的良心的原諒。但是，我自己明知道它很糟糕，仍把它交給了您，在這點上我仍能得到原諒嗎？這些附加的辨白真的能使我得到原諒嗎？偉大的思想原使我畏縮退避，但與此思想一致的高貴的心卻使人恢復了勇氣和責任感，是它吸引了我。關於我的論文的價值我自己已做了判斷，至於我以後是否會提供稍好的論文，這得由您來談。您就把它看作是一個朋友的推薦信吧，或者僅僅看作一個熟人的推薦信，或者一個完全不相識的人的推薦信，或者根本不看作推薦信。您的評判永遠是公正的。您是偉大的、卓越的人，突出於所有可想像的人類的偉大之上，這種偉大與上帝的偉大相似，以致人們能充滿信心地去接近他。

一旦我能知道您已經讀完了這篇論文，我將親自造訪您，以期了解我是否能够繼續稱自己為——

閣下的

最衷心的崇敬者

約翰・哥特利勃・費希特」⑭

隔了大概五天，八月二十三日，康德終於非常客氣地接見了費希特，並且稱讚了那篇論著中他所讀到過的部分，但照他向來謹愼的態度，對於著者的見解以及他自己的批判哲學原理卻盡量不露一辭，就是對於費希特哲學上的疑難問題，他也只勸他去讀《純粹理性批判》。不過，最後給費希特介紹了他幾位哥尼斯堡的朋友，如哥尼斯堡牧師博羅夫斯基（Borowski, L. E. 1740-1835）、宮廷牧師舒爾茨（Schultz, J. F. 1739-1805）。八月二十六日，費希特又第三次拜訪康德，在康德那裡同蘇默爾教授相識，並一起在康德家裡用飯，在進餐時，康德充分地展示了他自己本來的精神風采，他的談吐閃耀著智慧和機敏。這次會見，正如費希特在日記裡所說的，「我發現康德是一位非常愉快而富有才華的人，現在我才看到了他的那些與潛伏在他的著作中的偉大的精神相符合的思想」⑮。

---

⑭ 《費希特書信選》，第63-65頁。

⑮ 引自 I. H. 費希特編《費希特生平與學術通信》，1862年，德文版，第1卷，第129頁。

費希特這次來哥尼斯堡，特別在大學生裡引起一些陌生奇怪的感覺，大家都不知道這位不熟之客究竟是幹什麼的，當時有一個法律系學生，名叫許恩（此人以後擔任了普魯士國家大臣）曾寫了這樣一段回憶，「在我學生生活最後一年，費希特來到了哥尼斯堡。當時我們完全不認識，他來到了我吃中飯的餐桌面前，開始時，他沒有參與軍人、官吏、商人、大學生和旅行家那一伙人的談話，但是當這伙人中的一個人爲了論證他的主張，不正確地援引了康德時，費希特就告訴大家:『他可能沒有讀過康德!』隨後，費希特就積極地參與了他們的談話。在上了最後一道菜之後，他就走了。他的外表曾引起普遍的興趣，我們都紛紛議論，這樣一個人究竟是幹什麼的呢？作爲一個專業學者，他是太時髦了，完全是現代化的裝束，但作爲一個旅遊的商人，他又太過於學者氣了，他絲毫也沒有一點那種在官員身上立刻可以看出的辦事拘謹的態度。一個老的船長只注意到他的堅強的肌肉和肥大的鼻子。另一天中午，費希特又來了，在個別問題上，他引導了我們的談話，在我的狹窄的餐桌上，我第二次同他面對面地坐著。費希特個別的意見表明他有很高的哲學修養 。 由於我們一起下樓，這次談話就成爲我們認識和後來友誼的開始。當時沒有人知道費希特的名字，但是我膽怯地想靠近他，我一直陪他到他的住處，過一些時候他就向我講起他的計畫，他的處境和願望。在他把他的《天啓批判》手稿送交當時還不知道他的康德以前， 他的抱負是沒有人知曉的。當他以後覺察到我們在餐廳裡都注意他時，他就不理睬我們這伙人了」[16]。

---

[16] 引自波特勒《費希特，行動在召喚》，第53頁。

繼後，費希特就修改他的《試評一切天啓》，他發現這部著作並未完全表達出他對這一問題的深刻見解，他需要重新修改。但就在此時，費希特發現他本來就很有限的資金已告用罄，這使他感到極大的難堪，他在日記裡這樣寫道：「我計算了一下才知道從今天起我只能在這裡維持兩星期的生活了。當然，我已不止一次地經歷了這種窮困的處境，不過那是在我的故鄉，以後隨著年齡的增長和自尊心的加強，這種情況變得越發難以忍受了。我作不出什麼決定，也無法作出決定」⑰。最後，他按康德的意見去找了博羅夫斯基和舒爾茨兩位牧師，希望他們立刻能介紹他一個餬口的差事，他的日記是這樣記載的：「29日我到博羅夫斯基那裡去了，發現他是一位相當善良和值得尊敬的人。他向我提出了一個職位，但還不完全確定，而且也不完全使我過分高興，同時他那直爽的態度迫使我坦白告訴他，我急需得到一個餬口的工作。他建議我去找W教授。今天我沒有能夠進行工作。第二天我當眞去找W，後來又去找宮廷牧師舒爾茨。從前者那裡看來希望是渺茫的，不過他提到了庫爾蘭德那邊有些家庭教師的職位，這可能只有在最困難的時候才能使我去接受。後來到了宮廷牧師那裡，開始是他夫人出來接待我，後來他本人也出來了，但他好像沉浸於一個數學上的循環論證中。後來，當他詳細聽了我的名字，又看了康德的推薦信後，就親切起來了。他有一副普魯士人的方形面孔，不過從他的面相中表露出誠實和善良」⑱。

博羅夫斯基和舒爾茨看來都答應了，但是他們的答應似乎都有一個時間的等待，他們哪裡曉得費希特這時已到了山窮水盡的

---

⑰ 引自《費希特生平與學術通信》，第129-130頁。

⑱ 同上書，第130頁。

地步，遠水不能解救他的燃眉之急。他不得已在9月2日給康德寫了一封信，表白了自己的窘況，並且告知現在自己甚至連當家庭教師的職位也找不到，目前顯然可走的一條路，就是返回到他的家鄉去埋頭研究，也許還得做鄉村教士之類的卑微職業，他請求康德能借給他返家的路費，使他這個決定能得以實現。這封信的語言是相當令人感到難過的：

「我有雙親，雖然他們不能給我什麼，但我在他們那裡只需用少量的花費便可以維持生活。在那裡我可以從事著述工作（對於我來說，這是一種真正培養自己的方式，因為在這裡我總是不由自主地要把所有的東西都寫下來，並且過多地追求名譽而把一些我自己也沒有把握的問題送去付印），並且如果住在家鄉的上勞西茲州，我可以最早並且最容易通過鄉村牧師的職務而得到完全的著述閑暇，這是我直到自己完全成熟以來一直所期望的。我覺得，最好是回到我的故鄉去。但至此我已山窮水盡了。我還剩下兩個杜卡特（古代威尼斯金幣——引者），而且連這點錢也不是我的，因為我還得用它來支付房租等。如果找不到一個人願意信賴地借給我這個陌生人回去的路費的話（以我的名譽擔保，這筆錢我一定在明年復活節前償還），我不知道還有什麼辦法能幫助我擺脫困境。除了您，高尚的人，我不知道還有哪一個人，我能夠向他提出這樣的保證而不擔心受到嘲笑」⑲。

⑲ 《費希特書信選》，第67-68頁。

由於過去不只一次地陷入困窘的經歷，費希特這次也是「懷著一種異常忐忑不安的心情寄出這封信的」，因爲他還不知道，他所寄以滿腔希望的這位偉大哲學家究竟對他的請求持什麼樣的態度。遺憾得很，正如海涅所說的，伊曼努爾·康德太窮了，儘管看了信中使人傷心落淚的辭句，還是無法借錢給費希特。雖然康德拒絕的話是怎麼說的，我們還不知道，但從費希特的日記來看，顯然這位德高望重的哲學家的拒絕態度是相當客氣的，絲毫未減輕費希特對他的尊敬和愛戴。康德只是勸他把《試評一切天啓》交書商出版，要他去找博羅夫斯基和舒爾茨商量。博羅夫斯基介紹費希特去找他的連襟出版商哈通（Hartung, G. L. 1747-1797）先生，不巧哈通這時已離開哥尼斯堡，另一家出版商又不肯接受，最後，1791年 9 月費希特只好按照宮廷牧師舒爾茨的建議，拿著康德的介紹信，去到但澤附近的克羅柯夫伯爵家擔任家庭教師。由於他是康德推薦來的，這位伯爵對他非常客氣，伯爵夫人的性格又非常和藹，所以費希特頗感快慰，他在這時期所寫的信充滿了對這一家人的贊揚和尊敬。這樣，費希特總算最後找到了一個較安適的暫時安身之地，命運女神似乎感到過去對他太不公道了，現在要賜給他一個好的前程。費希特也不辜負命運女神這種好意，他的第一批使他一舉成名的哲學政治著作就是在這裡寫就和完成的。

四、《試評一切天啓》

《試評一切天啓》是費希特第一次公開發表的哲學論著，也是我們至今可以在《費希特全集》裡找到的第一部完整的哲學著作。它用康德批判哲學的基本觀點來研究上帝、宗教和天啓概念，以闡明批判哲學的宗教觀點。它一方面是康德宗教著作的前奏，預期了康德一年後發表的《論理性限度內的宗教》一書的基本觀點，另一方面它也是一部屬於費希特早期哲學思想的著作，在費希特哲學思想的發展上有重要的意義。費希特哲學思想雖然前後有所不同，但他的根本觀點應當說是一致的，而這根本觀念最初就在《試評一切天啓》中表露出來。

按照該書的前言，這部著作雖然只是「一種嘗試」，但這「並不是說人們在這類研究中似乎完全必須盲目探索，尋求根據，永遠不可能得到確實的結果，而是因爲我還不能相信自己會成熟到宣布這種確實的結果的程度」❶。費希特之所以有這種信心，顯然是因爲他相信他這種研究是根據了一個具有普遍有效性的先驗原則，即康德的實踐理性原則，他說：「此種研究倘若應該是一種哲學研究，那就得根據 a priori（先驗）原則，具體地說，即根據實踐理性原則——因爲這一概念涉及宗教——來進行」❷，因而這就保證了這種研究不會是盲目探索，而肯定有確

---

❶ 《費希特著作選集》，第1卷，商務印書館，1990年，第4頁。

❷ 《費希特著作選集》，第1卷，第5頁。

實的結果，至於這種確實的結果究竟能宣布多少，這乃依賴於作者思想成熟的程度。

正如我們前面所說的，費希特當時所選定的事業宗旨，就是如何把康德的三個批判統一起來，特別是如何把理論理性同實踐理性統一起來。在他看來，康德哲學的根本點就在於實踐理性的學說，他說：「這個哲學，特別是它的倫理方面，加於整個精神生活的影響，尤其是就它在我自己思想方式上所引起的革命來說，都是不能以言語來表達的」❸。他認爲他繼康德之後所要做的工作，就是發揮康德系統的實踐理性在道德、社會和宗教領域內的運用，闡明康德系統裡那些似乎對人生無直接關係的晦澀冷漠的原理在道德、倫理、宗教方面所招致的後果。他認爲這些後果「對於一個道德從根底裡開始就被敗壞了的時代」，卻是非常重要的。他力圖把這些後果迅速以最明瞭的方式昭示給人們，他相信這是最有益的工作。他一再反覆地說，他的哲學無非只是康德系統在實踐方面的進一步發揮。

費希特在《試評一切天啓》裡所選定的課題是康德至今在他的批判著作裡尚未公開發表意見的一個問題，即天啓宗教問題。要了解費希特對這一問題的觀點，我們有必要談一下康德關於宗教的基本立場。康德在《純粹理性批判》中批判了經院哲學有關上帝存在的三個證明之後，得出結論說：「我可以肯定，一切想把理性純粹思辨地應用於神學的企圖都是完全徒勞的，而且就理性的內在性質來說，也是與此相矛盾的，而把理性的原則應用於自然界也根本不會導致任何神學，因此，如果不把道德律作爲基

---

❸ 引自斯密士：《費希特追憶》，英文版，1873年，第28頁。

礎，或者不以道德律爲指南的話，那麼一般來說，就根本不可能有任何合理的神學」❹。這就是說，神學在理性認識範圍內是不能成立的，我們在理論上是無法證明上帝的存在，唯一合理的神學只能以道德律令爲基礎，或以道德律令爲指導。所以我們看到，雖然在《純粹理性批判》裡康德證明了超自然的整個領域超越於人的知識範圍和能力，但他在《實踐理性批判》裡卻以「實踐理性」的名義收回了這個理論的禁區。實踐理性在康德體系裡等同於道德理性，他說，宗教應當定義爲「把一切義務視作神的律令」，也就是說，當把道德義務當作一種神的律令或神意，也就有了宗教。因此，康德創導的宗教觀乃是一種理性宗教觀或道德宗教觀。

在康德看來，人應當按照道德律令而行動，行動的目標就是「至善」，至善不僅包括道德的完滿，實現每一項道德律令的要求，而且也包括如此行動的人本身的完滿和幸福，換句話說，道德律令的對象「至善」是德行和幸福的結合。但是德行完全屬於自由範圍（實踐理性），而幸福需在現實世界得以實現（理論理性），在現實世界中，生活和自然規律往往並不能保證這種至善的存在，不能保證按道德行事的人的幸福，因此，爲了使至善成爲可能，我們必須要假設上帝的存在，或者說，上帝是至善可能性的必要條件，只有假定上帝存在，德行和幸福才能一致，上帝存在就是善者受賞，惡者受罰的保證。康德說:「對於理性的純是思辨的使用來說，最高存在者雖然是一個單純的理想，但仍然是一個完全無錯誤的理想，它是一個使全部人類知識得以完成並

---

❹ 康德：《純粹理性批判》，德文版，A636＝B664。

使之臻於完滿的概念。上帝的客觀實在性雖然不能由思辨的理性而得到證明，但是也不能由思辨的理性而予以否證。如果有一種道德的神學能夠彌補這種缺陷，那麼從前只是蓋然的先驗神學就會證明這個最高存在者的概念是不可或缺的，而且是理性的繼續批判所不可少的，因爲理性是常常爲感官所迷惑而不總是與它自己的理念相一致的」❺。所以康德認爲，上帝雖然在認識領域內不能證明，但卻是道德和實踐理性可能的必要條件，他認爲道德和實踐理性的存在實際上就包含有承認不能給予理論證明的上帝的存在。任何理智要自覺地意識到自身是實踐的或道德的，就一定要實際假定一個理智的或道德的世界統治者，以及假定人的本性永遠存在有理性的因素，通過這些實際的假定，感覺世界才可能有一新的解釋，它不再是理論理性認識經驗的單純材料，而是實踐理性的道德目的可藉以實現的可能場所。不過，康德的論證主要限於自然宗教，至於天啓宗教或超自然的宗教是他哲學體系內的一個空隙，因此費希特在《試評一切天啓》這部著作裡給自己提出的任務，就是應用批判哲學的實踐理性原理來論證一切天啓宗教的可能條件，從而補充康德宗教學說尚未發揮的觀點。

按照康德《實踐理性批判》中所確立的原則，費希特在此書中把自己的探討分爲如下四個課題：一、分析上帝概念；二、從上帝概念推演出天啓概念；三、在實踐法庭面前評判天啓概念；四、確定合理應用天啓概念的條件。

首先，費希特指出，一切民族由野蠻狀態過渡到文明社會的時候，總會出現一些關於神靈與人們之間的交往觀念，一些關於

---

❺ 康德：《純粹理性批判》，德文版，A641＝B669。

超自然的靈感和神對有死者的影響的傳說，簡言之，也就是總會提出這樣或那樣的天啓概念。這些天啓概念究竟從何而來呢？按照費希特的看法，要解決這一問題，我們必須首先分析上帝概念。上帝概念在康德的批判哲學裡，至少包括兩方面的內容：一是我們這些有限的理性存在物必有一個最終的目的，即實現一種與最高幸福相結合的最高道德完善，但光就我們有限的存在物而言，這一目的是不可實現的，爲此我們就必須假定有一個能夠把最高道德完善和最高幸福結合起來的最高的理性存在物，也就是說，我們必須假定上帝的存在。另一是這個假定的上帝不僅能了解支配感性世界的自然規律，而且也能了解支配超感性世界的道德規律，從而它才能推動我們這些有限存在物去永遠追求道德和幸福的結合。費希特說，上帝概念的這兩方面內容就規定了上帝既是道德規律的遵守者，又是道德規律的執行者，他寫道：「第一個規定是從整個道德規律的最終目的的可能性中直接得出的，即他完全並且唯獨是由道德規律規定的；第二個規定是從這種假定的可能性在有限道德存在物上的應用得出的，即他按照道德規律規定其自身之外的感性本質。第一個規定把上帝描述爲道德規律在其中完全得到遵守的最完善的神聖境界，描述爲一切道德完善的理想，同時描述爲唯一怡享天福者，因爲他本來就是唯一怡享天福者，因此，第一個規定就把上帝描述爲實踐理性業已達到的最終目的的表現，描述爲由實踐理性設定爲可能的至福本身；第二個規定把上帝描述爲按照道德規律統治世界的最高主宰，描述爲一切理性生靈的總裁。第一個規定是根據上帝的存在考察自在自爲的上帝的，他通過這個規定，表現爲道德規律最完善的遵守者；第二個規定是按照這一存在對其他道德存在物的影響考察上帝的，他借助於這個規定而成爲道德規律已經作出的種種預言的至高無上的執行者，因而也就成爲立法者」❻。

首先，就「上帝是道德規律的遵守者」而言，費希特強調，上帝概念的理性本質。他認爲眞正的上帝概念乃是一個合乎理性的概念，也就是說，上帝的法律是理性給予的，上帝的意志是由道德規律決定的，上帝的命令是由理性頒佈的，我們對於上帝的信仰乃是對理性的信仰，我們內在的理性規律就是上帝的規律。費希特寫道:「上帝概念本來就是單純靠我們的理性給予我們的，並且就我們的理性能夠 a priori（先驗）發出命令而言，也單純是靠我們的理性得到實現的，我們能得出這個概念的任何其他方式都絕對不可思議的。進一步說，理性使我們有義務服從理性的規律，而不必反過來訴諸一位君臨於理性之上的立法者，所以，如果有人假定除了理性自己命令自己以外，還有某種不同的東西在給理性發布命令，那麼，理性就會把自身弄得不知所措，完全遭到毀滅，而不再是理性」❼。

其次，就「上帝是道德規律的執行者和立法者」而言，費希特強調了上帝的公正本質。他認爲希求公正乃是我們的高級欲求能力，上帝頒佈的理性命令要求我們在現實世界實現公正，這樣一方面當我們面對符合道德規律的公正情況時，我們就感到歡愉和高興，例如我們對惡意遭到失敗，對壞人遭到懲罰，表現出喜悅之情，我們對誠實的努力得到成功，對被誤解的德行獲得承認，對正直人忍辱負重和作出犧牲而最後得到報償，也表現出喜悅之情，另一方面當我們面對不符合道德規律的不公正情況時，

---

❻ 《費希特著作選集》，第1卷，第9-10頁。

❼ 同上書，第20頁。

我們就感到不滿和憤慨，例如當有德性的人受到名譽的損害，正直的人遭到迫害，壞人被擁立爲王，好人遭到折磨，我們就會表現不滿和憤怒，堅決要求把「應當概念」應用到這些對象上，並堅持不懈地要求它們與這一概念保持一致。

正是根據上帝作爲道德規律的最高理性存在物這一觀念，費希特分析了天啓概念與上帝概念的區別，並以此來說明天啓概念乃是從上帝概念推演而來。費希特說，上帝概念是基於有限理性存在物的高級欲求能力，這種能力當然是完全合乎理性的，而天啓概念則是基於有限存在物的一種低級欲求能力，這種能力是盲目的、非理性的。不過，費希特認爲，如果這種低級欲求能力經過高級欲求能力的規定，天啓概念的盲目性和非理性可以變成自覺的和合乎理性的，因爲天啓概念就本質來說乃是一種關於上帝的超自然原因在感性世界裡引起的結果的概念，通過這類結果上帝將其自身宣示爲道德立法者。按照費希特的論證，天啓概念儘管看上去有經驗的起源，但它卻不依賴於經驗，他舉了這樣一個例子，我們向一位生存於現象世界的人說，上帝就在這裡，他是道德立法者，這會有兩種可能，或者這個人還沒有上帝概念，他根本不理解他聽到的東西，因而不會有天啓概念，或者這個人已先有了一個上帝概念，這樣，他的天啓概念就根本不是從感性經驗而來，因此費希特說，「如果天啓概念無非是依賴於經驗，它肯定是虛假的和騙人的，因爲它向我們許諾」對於超自然事物領域的期望，而這種期望通過經驗或從經驗出發，是不可能的」❽。由此費希特認爲天啓概念只能先驗地通過實踐理性才是

---

❽ 《費希特著作選集》，第1卷，第34頁。

可能的，他寫道：天啓概念「是從純粹實踐理性的眞正的 a priori（先驗）概念演繹出來的，是從一切理性存在物完全無條件地要求的道德規律的因果性中演繹出來的，是從這種因果性的唯一純粹的動機、從公正具有的內在神聖性中演繹出來的，是從上帝概念及其規定中演繹出來的，而上帝概念對於所要求的因果性的可能性來說必須被假定爲眞實的」❾。從這裡費希特得出結論說，任何天啓都要服從理性的評判的權力，任何被設想爲符合於天啓概念的感性世界的現象都要服從理性的評判的權力，理性從這些感性世界的現象期待不到規律，而是理性給這些感性世界的現象指定了規律。

評判天啓概念，有兩個法庭：一爲理論理性法庭，一爲實踐理性法庭，按照費希特的觀點，天啓概念只能在實踐理性法庭面前評判，他說，如果我們從客觀到主觀的理論理性出發，我們就會使自己成爲取決於自然規律的機器，而不再是有道德的需要宗教的理性存在物，反之，如果我們從主觀到客觀的實踐理性出發，則我們不僅使自己能夠成爲有道德的理性存在物，而且也使我們避免解決天啓概念的二律背反，因此，「全部問題都不可用獨斷態度，按照理論原則加以研究，而必須用道德態度，按照實踐理性原則……加以研討」❿。

在實踐理性法庭面前，首先我們要解決的是天啓概念的必要性，即我們爲什麼要靠天啓宗教拯救我們。按照費希特的論證，儘管在人類過渡到高級的道德發展階段後，我們需要理性宗教，但在人類精神的發展長河中，凡是在連承認和服從道德規律的意

❾ 同上書，第43頁。

❿ 《費希特著作選集》，第1卷，第76頁。

志都不存在的地方， 天啓概念卻具有恢復道德規律的效力的作用，凡在充分的自由不存在的地方，天啓概念就能發揮保障自由的作用。因爲天啓概念指明了一種在我們之外的上帝的聲音，即在感官世界中頒佈上帝的意志，因而通過天啓可以在人心中喚醒那種不爲理性力量或感官行動所產生的道德感情。費希特認爲，天啓宗教是建立在個人向其純粹道德發展過程中的可能需要基礎上的，信仰天啓是人類道德教育的一個重要因素，是人類思想早期發展的階段。

既然我們判定了天啓概念是先驗地通過實踐理性而推演而來的，那麼判定後驗給定的天啓概念是否合理，其標準就在於它是否來自於上帝概念，費希特說:「既然一種 a priori（先驗）天啓概念是可能的，那麼，我們必須據以把握一種 a posteriori（後驗）給定的天啓的就正是這種概念本身，就是說，天啓的神聖性的標準必須能夠從這種概念推導出來」⓫。這也就是說，一種天啓如果證明它是來自上帝的，這種天啓就是合理的，反之，一種天啓如果證明不是來自上帝，那它就不是合理的。按照費希特的看法， 這種標準可以從形式和內容兩方面分析。 在形式方面，他主要着眼於上帝通過感性世界裡的結果將自身宣示爲道德立法者的手段，認爲凡是通過非道德或迫害的手段宣示、維持和傳播其自身的天啓， 都一定不是來自於上帝， 反之，只有那種絕沒有使用其他手段，而僅僅使用道德手段宣示和維持自身的天啓，才能夠出自上帝，費希特把這一種按照純粹道德和自由進行評判的標準稱之爲「一種天啓就其外部形式來看的神聖性標準」。

⓫ 《費希特著作選集》，第1卷，第77頁。

在內容方面，　費希特着眼於上帝宣示其自身爲道德立法者的涵義，他認爲眞正的天啓概念首先應確立起一條符合於實踐理性原理的道德原則，　從而確立起由這一道德原則加以推導的道德準則，唯有這樣的天啓才可能來自上帝；其次，眞正的天啓概念必須呈現自由，　他說：「每個人的自我意識都直接教導他，人是自由的。對於這個事實，他越不用詭辯的方法歪曲自己的自然而然的感受，他就越不表示懷疑。一切宗教，一切天啓的可能性都以自由爲前提」⑫。

在結束這部論著的時候，費希特將產生天啓信仰的兩條途徑展現在讀者面前，一條途徑是「在畏懼與恐怖之上建立信仰，然後才想在這類強制的信仰之上建立起道德」，其結果是使人「永遠不抱任何改良的希望，毀滅人的德性」⑬；另一條途徑是，「首先發展道德感，使善對人們成爲眞正可愛的與有價值的，從而在他們的心中喚起一種成爲善人的決心，然後使他們到處都感覺到自己的弱點，　並且只有在這時才給他們提供得到天啓支持的希望，而他們無需有人向他們大聲疾呼『你們要信仰』，　也會擁有信仰」⑭。費希特所堅持的顯然就是後一條途徑。

《試評一切天啓》在費希特哲學思想發展歷程中無疑有著它本身的重要意義。首先，在此書中我們可以看到費希特不是一般地從康德哲學出發，而是強調了康德系統的實踐方面，認爲唯有通過實踐理性方可以解決一切思辨問題，他在談到有人認爲我們可以從那種在理論上得到承認的眞理推演出一些實踐結論時說：

---

⑫　《費希特著作選集》，第1卷，第96頁。

⑬　《費希特著作選集》，第1卷　第134頁。

⑭　同上。

「關於這類事情，人們總以爲是很容易看出來的，因爲他們已經習慣於這種推論過程，但眞正說來，這種推論過程並不正確，因而是完全不可理解的，並且理論理性也絕不能認爲就有支配實踐理性的力量。但反過來說，從絕對 a priori（先驗）、不以任何理論命題爲其前提而建立起來的實踐命令則可以推導出一些理論命題來，因爲實踐理性畢竟按照其固有的規律，確實必須被認爲具有對理論理性的支配力量」[15]。這一種觀點正是費希特哲學思想此後逐步發展的根本原則。因此在此書中，雖然費希特主要是跟隨康德的思路，但是也有許多地方預示了他自己未來體系的觀點，例如在討論天啓在自然界中的可能性時他說：「我們受着我們的理性的強制，須將整個現象、整個感性世界最終按照理性規律從一種借助於自由的因果性推導出來，具體地說，從上帝的因果性推導出來。對我們來說，整個世界是上帝的超自然結果」[16]。這裡也就是說，由於我們的理性，我們將必按照理性原則從自由的因果性，特別是從上帝的因果性推導出整個現象系統，最後推導出整個感性世界。康德雖然主張實踐理性的在先可能性，但他從未達到主張整個現象世界可以從實踐理性推導出來，而費希特這段話明顯地反映了他對康德關於理論理性和實踐理性二分法的不滿，他強調了實踐理性的能動原則，試圖從實踐理性出發推導整個現象世界系統，而這一點正是費希特後來從康德批判哲學的二元論發展成絕對的倫理唯心論的關鍵。

其次，費希特在此書中所闡發的宗教觀，儘管可以用康德後來在《論理性限度內的宗教》裡的一句話來表示，即「道德性不

[15] 《費希特著作選集》，第 1 卷，第16-17頁。

[16] 同上書，第73頁。

可避免地導致宗教」⑰，道德的實現以對上帝的信仰爲前提，但他把宗教和神學加以區別，他著重指出，承認這些神學假定並不等於就是宗教，如敬畏單純的道德律是指導我們行爲的規則，我們就不能認爲如此道德律所有的束縛力是神的道德秩序的表現，反之，如果人性中有這樣一種實際動機的條件，以致會削弱對道德律的敬畏力量，那麼就有可能通過其他方法來指明道德律實際上是神的意志的表示來增加敬畏力量，在這種情況下，人們就可以由於敬畏道德律的神性而受約束，這樣的約束就是與神學有別的宗教。在費希特看來，宗教在規定意志服從道德律方面必定要有因果影響，宗教必須有助於意志服從道德律的力量。由於在人性中找到這一事實，能把感覺世界的某些事實看作神意的自動效果，並顯示神意的道德目的，費希特認爲天啓宗教才有可能。

特別有價值的一點是，在這本書裡費希特首先使用了「異化」(Entäusserung 外化）一詞來說明宗教的本質，他說：「將上帝看作以我們之內的道德規律爲依據的立法者的觀念，是基於我們的東西的外化，是基於一種主觀東西之轉化爲我們之外的存在物，並且就宗教用以規定意志而言，這種外化是宗教的眞正本質」⑱。這一觀點顯然正是後來黑格爾異化理論的先驅，特別是當後來費爾巴哈在《基督教的本質》一書中強調宗教的祕密是「人使他自己的本質對象化，然後又使自己成爲這個對象化了的、轉化成爲主體、人格的本質的對象」⑲時，他這種講法不能

⑰ 康德：《論理性限度內的宗教》，1960年，英譯本，第5頁。
⑱ 《費希特著作選集》，第1卷，第23-24頁。
⑲ 費爾巴哈：《基督教的本質》，見《費爾巴哈哲學著作選集》，下卷，商務印書館，1984年，第56頁。

不使我們回憶起費希特早在五十年前就表露的觀點。

費希特寫這本書，原是不準備出版的，只是想向康德表露他處理和應用批判哲學的才能，後來由於康德的贊同和勸告，他就在哥尼斯堡旅館裡反覆修改幾次，並送到出版商那裡準備出版。不過，當時要把這樣一部著作公諸於世，要頗費一番周折。根據普魯士1788年法律，凡宗教論著的出版，需經過哈勒書報檢查官的批准，而當時掌管哈勒書報檢查的人正是哈勒神學院的院長舒爾策（J. L. Schulze, 1734-1799），按照這位院長大人的意見，書中說「對一個特定的天啓的信仰不能合乎理智地建立在對奇蹟的信仰上」，乃是申明天啓的神性不能以給定的奇蹟來證明，似乎有悖於聖經的教導，因此需加以修改才能付印。1792年1月宮廷牧師舒爾茨把神學院院長這一意見通知了費希特，請他在給定的天啓是否可以合理地建立在奇蹟信仰上以及天啓的內容和形式是否可以擴大我們關於教義和道德的知識這兩個問題上重新加以考慮，並希望他刪去一些攻擊宗教的過火章節。費希特看後，大爲氣憤，他認爲這部著作是哲學著作，而不是神學著作，怎麼能用神學家的觀點來限制哲學家的思考呢！爲此，他在1月23日給康德寫了一封信，信中說道：「我所崇拜的一位保護人在給我的一封充滿了誠意的信裡談到，由於推遲印刷或許可能對此事進行一次複審，他在信中請求我在複審過程中，對一些在他和我之間尚有爭論的問題作一些修改，即我說過對一個特定的天啓的信仰不能合乎理智地建立在對奇蹟的信仰上，因爲奇蹟本身有待於證明，但我急迫地又補充說，另一些好的理由認爲，天啓可以被設定爲是上帝的，根據這些理由，人們可能在某些情況下把主體所具有的對其周圍發生的奇蹟的想象當作感觸和景慕。我想只能用此來緩和我的語句。此外，我還說，一種天啓就其內容，旣不能擴大我們的教義知識，也不能擴大我們的道德知識，但或許我承認了，這些認識能夠超越先驗對象，關於這些先驗對象我們只能相信這樣，而不能認識如何，直至暫時達到經驗，並且對於那些願意這樣思考的人來說，它們能夠提供一些主觀眞實的東西，但這些主觀眞實的東西不能被看作是內容的擴大，而只能被看作是對已經先天被給予的精神的一種形式的體現。儘管我後來又繼續對這兩點做了反覆考慮，我仍然沒有找到理由使自己有權修改那些結論。在這方面閣下是最有資格的裁判，我能否請求閣下告訴我哪怕是兩句話，對這些問題是否能夠，並且以何種方式尋求另一種結論，或者，那些結論是否就是對天啓概念的批判所必然導致的唯一結論？如果閣下能承情指點我，我一定會遵從閣下的意見，這與我對閣下的誠摯的崇敬是相一致的」[20]。

康德在2月2日給了費希特這樣一個答覆：「閣下要求我關於您的現正處於嚴格檢查的論著是否能找出一些弊病給出勸告，以便順利通過審查，我的答覆是：沒有這種弊病！雖然我還未通讀過您的著作，但就您信中作爲主要命題援引的話，即『對一個特定的天啓的信仰不能合乎理智地建立在對奇蹟的信仰上』而言，我就可以作出這個結論。因爲由這裡必然推知，宗教除了爲唯一的純粹理性而存在外，它一般不能包含其他的信仰形式。我認爲這個命題是完全無罪的，這個命題旣不丢棄一切天啓主觀必然性，又不放棄奇蹟本身」[21]。從康德的答覆中，費希特更堅定了自己的主張，他毅然決定，要麼這本書原樣出版，要麼就不出

[20] 《費希特書信選》，第72-73頁。

[21] 《康德書信集》，邁恩出版社，1972年，第552頁。

版，甚至對康德的謹愼勸告，卽應把不屬於該文範圍內的獨斷信仰和基於實際理由的道德信仰加以區分，費希特也以他慣常的斬釘截鐵的態度斷然拒絕了。這部著作眼看只能暫時保存在作者的書桌抽屜內。

正當費希特和書報檢查官雙方爭執不下時，哈勒神學院的院長換了人，新院長克拉普（G. Ch. Knapp 1753-1825）思想開放，明知費希特的觀點不能與當時御用神學家沃爾納（J. Ch. Wöllner 1732-1800）的神學體系相容，也甘願承擔風險，給這部著作出版開了准許證。於是，這部著作就在1792年復活節來比錫博覽會上問世。不知是出版家偶然的疏忽，還是作者的朋友有意的安排，在出版此書時著者的名字以及他寫的序言都沒有印出來，因而人們紛紛猜測這部著作的作者是誰㉒。鑑於該著作的風格和形式極其類似於康德的著作，人們就認爲這是康德自己的一部論述宗教的著作，只是由於害怕與普魯士嚴格的書報檢查法發生衝突，才匿名出版。當時耶拿的《文匯報》在第82期知識版上刊登了如下一個廣告：「我們認爲有責任向公眾報導一部在各方面都最重要的著作，這部著作在今年復活節博覽會上以《試評一切天啓》這個書名（哥尼斯堡哈通出版社）問世。每一個人只要稍微讀過這個人的著作，那麼他就立刻會認出這部著作的偉大作者，因爲哥尼斯堡的哲學家以這些著作曾爲人類作出不朽的貢獻」㉓。毫無疑問，這裡把費希特這部著作明確地指明是康德的著作。就是早以激進的康德主義中心而著稱的耶拿學派，也把它

㉒ 據舒恩考證，漏印作者姓名乃是出於出版商的商業考慮。

㉓ 引自 F. 波特勒的《費希特，行動在召喚》，1956年，德文版，第15頁。

作爲他們老師的一部新作加以評論，就連最熟悉康德思路和表達方式的賴因霍爾德（K. L. Reinhold, 1758-1823）在一封致友人的信中說：「思想、藍圖和絕大部分闡述無疑出自康德這位舉世無雙的偉人」㉔。一時人們因爲這是康德的新著，爭相購買，廣爲閱讀，費希特這部著作大獲成功。

但是，康德不容許這樣一種誤解繼續下去，他在上述那份《文匯報》下一期的知識版上發表了一個簡短的更正聲明：「《試評一切天啓》的作者是那位生於勞西茲州、去年曾短時來哥尼斯堡、現正在西普魯士克羅柯夫鎭的封·克羅柯夫伯爵家任家庭教師的神學應試生費希特先生。人們翻看一下今年哥尼斯堡出版的哈通先生（費希特的出版者）的復活節博覽會書目，就可以相信這一點。而我本人不論在文字上還是口頭上都沒有（哪怕是最少的）參與剛才所說的這個人的這項工作，情況並不像《文匯報》知識版第82期對此事所暗示的那樣，因此我認爲有責任把理應屬於這個人的名聲絲毫無損地歸還給他」㉕。

康德這份聲明無疑對費希特是有利的，因爲這位赫赫有名的哲學家字裡行間暗含了對這部著作的肯定評價，並且把這個聲譽歸還給當時還不出名的青年人，這樣一來，當時還是家庭教師的費希特，名聲頓時倍增。人們認爲，旣然康德肯定了這位年輕哲學家的才智，那麼他一定是出類拔萃的人物，唯有他才足以繼承康德的偉大事業。而費希特本人，也由於自己的首戰獲捷，更明確地以承繼和發揚康德哲學爲己任，從此，他拋棄了一切別的打

㉔ 引自E.福赫斯編《同時代人談論中的費希特》，第1卷，斯圖加特，1978年，第35頁。

㉕ 引自波特勒《費希特，行動在召喚》，第57-58頁。

算，以做一個職業的哲學家作爲自己終身的奮鬥目標。他在給他未婚妻的信中這樣寫道：「我有許多宏偉和火熱的計劃——但不是爲了我自己。妳會理解我的自尊(也許說驕傲更正確些)。——我的驕傲就是要在我自己的行動中實現我在人類中的價值，使我自身的存在對人類和整個精神世界產生永恒的結果。我是否能做到，不需要人知道，我只要做就行了」㉖。這就是這位剛步入哲學舞臺的年輕哲學家的心聲，他要使自己的存在對人類和整個精神世界產生永恒的結果，費希特以後走的生活道路正是這樣一步一步地朝這個目標前進的道路。

㉖ 《費希特書信選》，第80頁。

五、法國革命的洗禮

費希特在哲學舞臺上的一舉成名，使他想到他的婚姻不應再因自己命運的不佳而拖延下去了。1793年春，他以最歡樂的調子給他的未婚妻寫道：「在6月或者至遲7月，我就會在你身邊了。但是，我只願作爲妳的丈夫進到蘇黎世城去。這是可能的嗎？你的溫柔可愛的心當然絕不會阻擋我的這一願望」。不過，過去的不幸遭遇使他還不能完全樂觀，最後他還補充了一句：「但客觀情況究竟如何，我可就不知道了」❶。事實上，客觀情況雖非完全違背他的願望，但也確實如他所料，不是一帆風順的，因爲按照蘇黎世的法律，外國人需要在該城居住一個時期，才能在那裡結婚，所以費希特在6月16日到達蘇黎世後，一直等到10月22日才和約翰娜·拉恩小姐去巴登舉行婚禮，兩個志同趣合的靈魂經過各種痛苦的挫折而終究合爲一體。新婚佳節當然是幸福的，他們在瑞士境內作了短途的蜜月旅行，欣賞了這個堪稱爲世界旅遊勝地的著名風光，而且作伴旅行的還有丹麥詩人巴格森（J. I. Baggesen 1764-1826），這就在自然風光面前更增添了一層詩人的想像，而且在這次旅行中他接識了瑞士大教育學家斐斯塔洛齊（Pestalozzi, J. H. 1746-1827），斐氏的教育思想早先就曾影響過費希特，這次親身接識和交談就更加深了這種影響，這種

---

❶ 《費希特書信集》，伯爾格曼編，來比錫，1919年，第79頁。

影響在我們這位哲學家以後的思想發展過程中是非常明顯的。

但這裡我們不能過多地跟踪費希特的新婚旅行，我們要返回到這一年他發表的兩篇非常著名的政治著作，即《向歐洲各國君主索回他們迄今還在壓制的思想自由》和《糾正公眾對於法國革命的評論》。前一部著作發表於1793年復活節，封面上引用了古代羅馬詩人賀拉斯的詩句「穿透罪惡之黑夜，撥開欺詐之烏雲」作爲警句，出版地點虛構爲「太陽城」，出版時間署爲「古代黑暗時代的最後一年」。後一部著作第一部分發表在1793年5月，第二部分發表在1794年2月，兩册均未有出版地。這兩部熱情歌頌法國大革命和尖銳批判封建專制主義的戰鬥檄文是費希特在1792至1793年撰寫成的，它們在我們哲學家的戰鬥一生中增添了極其光輝的一頁。

正當費希特登上哲學舞臺的時候，偉大的法國資產階級大革命以前所未有的聲勢震撼了整個歐洲。這是人類歷史上的新紀元。有誰能忘記1789年法國所發生的那場驚天動地的大事件呢？數以萬計的革命群眾衝上了街頭，攻占了巴士底獄，隨後，也即1792年，起義的巴黎人民通過普選產生的國民公會正式宣布法國爲統一的共和國，並把妄圖勾結外國君主實行反革命復辟的國王路易十六送上了斷頭臺。從此封建帝王的統治在法國已一去不復返了，在它的土地上第一次升起了一面象徵著人類尊嚴的偉大旗幟，上面寫著「自由、平等和博愛」。

這場革命，正如恩格斯所說，「像霹靂一樣擊中了這個叫做德國的混亂世界，它的影響非常大」。最初，當法國革命的爆發和勝利進展時，德國的一些革命民主主義者和知識分子表示了熱烈歡呼的心情，他們說法國的解放乃是「本世紀最高貴的業績，其崇高可以與奧林匹斯山相媲美」，並以接受法蘭西共和國授予的「名譽公民」稱號而自豪。可是，當法國雅各賓派實行了革命民主專政，特別是當德國一些激進的革命黨在法國占領的美因茨城建立了一個仿效法蘭西共和國的共和政府時，這些當初爲法國革命歡欣鼓舞的德國知識分子卻表露了畏懼和敵對的情緒，他們寧肯保持自己那個古老的安寧的神聖羅馬糞堆，而不要人民那種勇敢地擺脫奴隸制的鎖鏈並向一切暴君、貴族和僧侶挑戰的令人顫慄的行動。

正在這時，一些德國御用的文人寫了一系列惡毒攻擊和反對法國革命的文章。漢諾威樞密院祕書恩・布蘭德（E. Brandes 1758-1810）在 1792 年發表了一篇名爲〈論法國革命迄今對德國產生的後果〉的論著，試圖從對法國革命所依據的原理和它所採取的措施的批評，在理論上消除法國革命在德國的影響。另一位漢諾威樞密院祕書奧・威・萊伯格（A. W. Rehberg 1757-1836）也在這時不斷在《文匯報》上發表文章，評論當時出版的有關法國革命的重要論著，歪曲和誹謗這場偉大的革命。1793年他又將這些文章匯集成書，以《法國革命研究》爲題再次發表。在書中他極力美化沒落的封建社會制度，醜化新興的資本主義制度，說什麼「在通常的國家裡，管理公眾事務的偉大動力是義務感，是對那些以其威嚴受到尊重的高級人物的依存關係，是這些高級人物借以顯示其權威的獎懲，但這一切在新近建立的法國制度中都是不存在的」，而「許多群眾集會的演講者，通過無數的書刊，把整個這套制度向民眾頌揚爲人類理智最偉大的傑作，頌揚爲自由事業最完善的保障，實際上，它是一種完全沒有主客從屬關係而充滿混亂的制度」❷。他的攻擊完全與英國保皇派作家柏克（E. Burke 1729-1797）相呼應，柏克在當時出版的一本名爲《對法國革命的意見》的小册子中說:「從一切方面看，法國革命是迄今世界上發生的最可怖的事件。……在輕浮和凶殘的光怪陸離的混亂中，一切都失去了本性，各種犯罪行爲和各種愚蠢行爲都混在一起」❸。法國革命在這些御用文人看來，猶如洪水猛獸，簡直是「大逆不道」。

素有民主主義思想的費希特，早在蘇黎世擔任家庭教師時就已經對法國革命發生了深深的共鳴，當然在這種形勢下不能熟視無睹，爲了反擊各國反動派特別是德國御用文人對法國革命的惡毒汚蔑，他先在但澤克羅柯夫家完成了《向歐洲各國君主索回他們迄今還在壓制的思想自由》一文，爾後在蘇黎世又完成了《糾正公眾對於法國革命的評論》一書，後一書原計劃是寫兩卷，第一卷評判法國革命的合法性，第二卷評判法國革命的明智性，但後來只完成了第一卷，分兩個分册發表。這兩部著作以最熾熱的語言熱情歌頌了法國大革命，義正詞嚴地駁斥了各國反動派和德國御用文人的惡毒汚蔑。當然鑒於政治氣候，它們都是匿名發表的，但這絕不意味著費希特有所膽怯或怕負責任，正如他在書中所說:「誰有權利過問此事，並依法過問，他就會毫不畏懼地向誰說出自己的姓名，而且在適當的時候，他將主動說出自己的姓名，因爲他想到了盧梭說的，每一個正直的人都應該承認自己所

❷ 萊伯格:《法國革命研究》，第1卷，漢諾威，1793年，第169頁和第162頁。參閱梁志學:《費希特青年時期的哲學創作》，中國社會科學出版社，1991年，第68-69頁。

❸ 柏克:《對法國革命的意見》，1910年，英文版，第8頁。

寫的一切」❹。

這裡，我們不要忘記，當時德國和各國反動派正在向法國宣戰，1792年普奧聯軍入侵法國，他們同法國的反革命勢力勾結一起，妄圖撲滅法國人民的革命火焰。德國統治階級爲了抵制法國革命的烈火蔓延到普魯士大地，國內也逐漸採取了高壓防範措施。原先擔任普魯士國家司法與宗教部長的是一位擁護學術自由研討的開明人士策特里茨（K. A. von Zedlitz 1731-1793），現在被國王威廉二世委派正統派神學家約·克·馮·沃爾納接替了他的位置。沃爾納一上臺就頒布了新的宗教告諭，命令臣民「不要公開發表自己的不同意見，更不要去散播這些東西」，接著又公布了新的書報檢查敕令，規定在普魯士發表的一切哲學與神學著作均須事先受教會監理會的審查，以便取締所謂的「啓蒙運動者的猖獗活動」，制止「將出版自由變成對出版的濫用」。在這些統治階級看來，法國國家所發生的這場大悲劇正是自由思想過分泛濫的結果，因此他們要嚴加禁止思想自由和言論自由。在這種警戒森嚴的氣氛下，甚至連康德的〈試論人心中的善惡鬥爭〉這樣的文章也被書報檢查官扣壓了。

不過，這一切都沒有抑制住我們哲學家費希特的滿腔激情。他在《糾正公眾對於法國革命的評論》一書的序言中，是這樣熱情地歌頌了偉大的法國大革命：

「在我看來，法國革命對於整個人類來說，都是重要的。我說的倒不是它對法國以及對其鄰國所發生的政治後果，

---

❹ 《費希特全集》，第6卷，第5頁。

雖然， 要沒有那些鄰國不邀自來的干涉和未經思慮的自信，也許法國革命原不會產生那樣的政治後果。所有這些後果本身雖說不少，但是同那更為重要的東西相比，它還總是微不足道的。

只要人類不變得更加明智和更加公正，那麼他們謀求幸福的一切努力都是徒勞的。他們掙脫了專制暴君的牢獄，又會用他們砸壞了的枷鎖的碎片相互殘殺。如果他們自己的不幸或他人的不幸在他們及時受到警告的時候，並不能引導他們以後走向明智和公正，那麼這將是一種多麼可悲的命運啊！

所以，在我看來，法國革命是一幅絢麗多彩的畫面，它畫出了偉大的課題：人的權利和人的價值。當然，目的不在於使少數幾個精選分子知道應該知道的東西，以及使這少數人中的更少數人按照應當知道的東西去行動。義務、權利以及越過墳墓的人類憧憬，關於這一切的學說並不是學校的珍玩。這樣一個時代終究會到來——在那時，我們的育嬰保姆會教我們的孩子按照唯一真實和正確的觀念來談論人的權利和人的價值；在那時，人的權利和人的價值就是孩子們說出的最初話語；在那時，我們為教訓孩子所需的教鞭只得到這樣一句訓斥；那是不公正的。……難道一直要等到滾滾洪流冲走了我們的茅舍，我們才着手建設嗎？難道我們想在血迹屍骨之下來對已變得凶暴的奴隸作關於正義的演講嗎 ？ 現在已經是讓人民認識自由的時候了。人民一旦認識自由，他們就會自己找到自由。這樣，他們就不會因為找不到自由而去做無法無天的事情，結果半途而退，也把我們拖著一起往後走。要防止專制主義，是沒有辦法的，但也許會有些勸諫專制者的辦法，讓他從自己的長期窘困中解放出來，降到我們中間，成為平等者之中的第一人，因為專制者加給我們的苦痛實使他自己比我們更加不幸。要阻止暴力革命，卻有一個很可靠的辦法，但這是唯一的辦法，即把人民的權利和義務徹底交給人民。法國革命給我們指示了這一辦法，為那些懵懂的眼睛照亮了畫面的色彩」❺。

按照費希特的看法，對一場革命進行評判，應當涉及兩個問題，一個是合理性的問題，即這場革命是否合法；另一個是明智性的問題，即這場革命是否明智。就前一個問題而言，我們一般可以問：人民究竟有無任意改變其國家制度的權利？或者更具體地可以問：人民是否有權通過某種方式、某些人物和某些手段，按照某些原則來改革國家制度？而就第二個問題而言，我們就必須問：爲達到所欲的目的而選擇的手段是不是最恰當的手段？這個問題也可以這樣來問：在業已給定的情況下，這些手段是不是最佳的手段？

費希特關於第一個問題的回答是：任何國家制度都不是不可改變的，因此人民有權按照某種更好的原則來改革國家制度。他的理論根據是盧梭的社會契約論，既然社會契約的約束力僅僅產生於締約者的意志，即產生於個人對契約的自願接受，除了承認自己締結的契約外，不承認任何別的契約的權利，而且締約者的

❺ 《費希特全集》，第6卷，第39-42頁。

意志是可以根據新情况而改變的，所以關於締約者能否改變契約的問題就與他們能否締約的問題完全成爲同一個問題了，既然締約者完全能夠締約，所以締約者也將完全能夠改變契約，不僅那種不符合人們最終目的的國家制度要被改變，而且即使那種促進這種最終目的的國家制度也會自行改變。費希特寫道:

「任何國家制度都不是不可改變的。它們都在變化，這是它們的本性。一個壞的國家制度，即與一切政治聯合體的必然的最終目的相違背的國家制度，必須被改變，一個好的國家制度，即促進最終目的的國家制度，自行而改變。前者是禾茬之火，不發光不生熱，只一味冒烟，我們必須把它澆滅；而後者則是蠟燭之火，它照亮別人而自行耗蝕着自己，天若破曉，它也就熄滅。所以，如果在社會契約中附上一條說，它是不可更改的，那麼這就會與人類精神處於最尖銳的矛盾。如果我承諾這部憲法中永沒有什麼可改、永沒有什麼允許更改，那就等於說，我承諾自己不成其為人，並在力所能及的範圍內不允許任何人存在。我滿足於同靈巧動物相提並列。我把自己和大家都約束起來，使大家都停留在我們曾向之攀登的那一教化階段上。就像海狸一樣，它如今築穴一如其祖先在千年之前築穴，就像蜜蜂一樣，它如今營巢一如其同類在千年之前營巢。於是我們和我們千年之後的子孫也要這樣，我們的思想方式、理論標準、政治規範和風俗習慣都要一如其現在造就的這樣一代代用下去。這樣一種承諾即使作出了，難道有效嗎？不，人啊，你不能作此承諾，你沒有權力放棄自己的人性。你的承諾既然違背法理，因而也就不具有法律效力」❻。

正是這樣一種認爲國家制度應不斷改變、不斷進步的革命觀點使費希特熱情地讚揚了法國革命，認爲它揭示了人類歷史的新紀元，是關於人權和人類價值這些偉大字眼的瑰麗圖畫，他堅信：「在我們國家制度下的大地是辛苦和勞動的大地，幸福快樂的大地並不在我們蒼天之下。但是這種不幸對於我們來說卻應當是一個起推動作用的芒刺，用以鍛鍊我們的力量，在同不幸的鬥爭中，在爲我們未來的幸福而進行的艱難鬥爭中使我們堅強起來。人類應當受苦，但他們不應當永遠受苦。他們的國家制度——這是他們共同不幸的根源——直到今天當然還不可能是比較好的——否則他們就不會受苦了——但是這種國家制度終將愈來愈好。只要我們回溯一下人類以前的歷史，我們就能知道國家制度迄今不會是更好的，但只要人類歷史繼續下去，這個制度就會變得更好」❼。正是這種對人類歷史不斷進步的信念使費希特勇於站在民主主義的革命立場，肯定了法國革命的合理性和合法性。

關於第二個問題，即這場革命是否明智的問題，儘管費希特原計劃作專門論述的《糾正公眾對於法國革命的評論》第2卷最終沒有寫成，但我們可以從〈向歐洲各國君主索回他們迄今還在壓制的思想自由〉一文中找到費希特對此問題的基本觀點。費希特在這篇檄文中探討了這樣一個問題，即法國革命所採取的手段

❻ 《費希特全集》，第6卷，第103-104頁。

❼ 《費希特全集》，第6卷，第5頁。

是否最恰當。按照費希特的看法，國家制度的改變有兩種方式，一種是暴力革命，一種是逐漸而緩慢的演進，前者來得突然，進步很大，半個世紀勝似十個世紀，但太冒險，如果失敗，可能會陷於更大的不幸，後者緩慢，但很保險，相對而言更可靠更安全。他寫道：國家制度「變得更好有兩種方式，或者通過暴力的突變，或者通過逐漸的、緩慢的然而又是安全可靠的演進。通過突變，通過暴力動搖國家和推翻國家，人民可以在半個世紀內獲得比十個世紀中更大的進步，但這半個世紀也是不幸和艱難的，人民可能會返回到原來的地方，重新回到一千年以前的野蠻狀態。世界歷史對此提供了證明。暴力革命常常是人類的一種大膽的冒險行為：如果成功，那麼贏來的勝利所付出的痛苦代價是值得的；如果失敗，那麼你們就會把自己從不幸推向更大的不幸。反之，向偉大的開明制度逐漸前進則是更可靠的，隨著這種進步，國家制度可以得到改善。你們所取得的進步，儘管在它出現時並不大為人們注意，但是當你們驀然回首看時，你們就會覺察到你們已走過了很大一段路程」❽。因此按照費希特的看法，法國革命雖然是完全合理的，但它所採用的暴力手段並不是唯一的一種手段，我們可以通過逐漸緩慢而更安全可靠的演進，達到改革國家制度的目的。為此費希特要專制統治者從法國革命這一「令人吃驚的活報劇」中吸取教訓，他說：「如果有人阻礙人類精神的進展，那麼只有兩種可能，第一種可能是未必有的，即我們永遠停留在我們原來的地方，我們放棄所有那些減輕我們不幸和增加我們幸福的要求，我們給自己劃了一條界線，不讓自己超

❽ 《費希特全集》，第6卷，第5-6頁。

出這界線一步，——或者是第二種可能，這是很有可能的，即自然的保守行程突然中斷，摧毀了一切阻礙它前進的障礙，人們以最殘酷的方式向他們的壓迫者進行報復，革命成了必然。人們還沒有眞正利用我們時代今天提供給我們的這齣令人吃驚的活報劇。我擔憂，人們是否知道現在正要趕緊，或者現在正是時候，需要掘開那道人們還總是把眼前這場活報劇同他處人類精神的行程對立起來的堤壩，以免人類精神行程猛然地衝毀它，並可怕地淹沒了周圍的田地」❾。

當然，作爲哲學家的費希特並不想完全停留在一般政論家的立場，他想通過政治事件的評論作更深入的哲學探討，他想把康德的哲學觀點用於他的政治論文中。在1793年4月2日費希特曾給康德寫了一封信，提到他最近有兩個打算，首先是建立他的天啓學說，這項任務即將可以完成，其次，「我的內心由於一種偉大的思想而燃燒，即想解決《純粹理性批判》(第三版) 第372-374頁的任務」❿。他這裡所提到的《純粹理性批判》的任務是指康德在該書中的這樣一段話：「一部按照那種使每一個人的自由都能與其他人的自由同時存在的法則而制定的並能保證人類享有最大自由（不是最大幸福，因爲這種幸福會自動而來）的憲法，至少是一個必要的觀念，人們不僅必須把這個觀念作爲一部國家憲法的最早草案的基礎，而且也必須作爲一切法律法令的根據」⓫。因此，力求從哲學上論證人的自由、特別是思想自由，乃是費希特這兩部政論著作的中心內容。

---

❾ 《費希特全集》，第6卷，第6頁。

❿ 《費希特書信選》，第81頁。

⓫ 康德：《純粹理性批判》，里加，1790年版，第373頁。

和康德一樣，費希特主張把現象的、暫時的、感性世界的東西和本體的、永恆的、理性世界的東西加以區分。這種觀點用於人身上，就有了純粹自我和感性自我的區分，純粹自我作爲理性存在生存於唯有良心或道德規律起作用的本體界，而感性自我作爲肉體存在則生活於不完全取決於道德規律的現象界，從而在法權問題上就出現了兩種權利，一種是現象的、暫時的、感性的權利，一種是本體的、永恆的、理性的權利，前者是可讓渡的，後者是不可讓渡的。費希特堅持，只有可讓渡的權利才能訂立契約，而不可讓渡的權利則不是契約的基礎。他的論證是：

「人不能是任何人的所有，因為他就是他自己的所有，並且永遠如此。他胸中深藏著一種神聖的火花，這粒火花使他君臨於動物之上，成為一個世界的公民。這個世界的第一位成員就是上帝，即人的良心。良心無條件地命令他要做這樣的事情，而不要做那樣的事情，這是自由的和自動的，而不受任何在他之外的强制。因此，任何他人都不得支配他，他自己必須根據他內心的這樣一條規律做事：他是自由的，並且必須永遠是自由的；除了他心中的這一規律，任何東西都不能命令他，因為這一規律是他的唯一規律，如果他允許另一規律約束自己，他就違反了這一規律，他的人性就會遭到毀滅，他的地位就會降低到動物這一等級。

如果這個規律是他的唯一規律，他就可以在這規律沒有涉及的一切地方，做他想做的事情，他對這個唯一的規律不曾禁止的一切事物，都擁有一種權利。但自由和人格正屬於這樣的事物，沒有這樣的事物，就根本不可能有規律存在。此外，受命於規律的事情也屬於未被禁止的事物的領域，因此可以說，人們對於唯有他根據職責行動的條件，對於他的職責所要求的行動，都擁有權利。這樣一些權利是絕不能放棄的，它們是不可讓渡的。我們沒有權利將它們出讓。

對於單純為這一規律所允許的行動，我也有一種權利，但我也可能不使用道德規律的這種許諾，於是，我就沒有使用我的權利，我將它放棄了。因此，這第二種權利是可讓渡的，但人必須自願放棄它們，而絕不是必須出讓它們，否則他就不會受到他內心的規律的驅迫，而會受到另一規律的驅迫。

如果我可以完全無條件地將我可讓渡的權利放棄，可以將它們送給別人，那麼我也可以有條件地放棄它們，我可以用它們交換別人讓渡的東西，從可讓渡的權利與可讓渡的權利的這種交換中就產生了契約。在別人同樣放棄行使他的某一權利的條件下，我放棄行使我的某一權利」⑫。

由此費希特論證了思想自由是不可讓渡的權利，人民絕不能把這個不可讓渡的權利交給國家，國家也無權剝奪或限制這個不可讓渡的權利。他寫道：「能夠自由地思考是人類理智不同於動物智力的顯著特點。動物雖然也有表象，但這些表象是彼此必然相繼的，它們相互產生，就像機器中的一個運動必然產生另一個

⑫ 《費希特全集》，第6卷，第11-12頁。

運動一樣。支配觀念聯繫的這種盲目機械性，只能使精神感到痛苦，而依靠自己的力量，按照自己的自由任性，對這種機械性進行積極的抵抗，並給自己的觀念序列提供一個確定的方向，則是人的優越性，而且一個人越是強調自己的這一優越性，他便越不失爲一個人。人能具有這種優越性的禀賦，也就是他的意志得以自由的禀賦。思想自由的表現，正如意志自由 —— 他的人格的不可分割的組成部分 —— 的表現一樣，是唯有人能夠說『我在，我是獨立存在者』的必要條件。思想自由的表現同意志自由的表現一樣，保證了人與神靈世界的聯繫，並使他與神靈世界一致。……這個同我們的人格，同我們的道德有著密切聯繫的權利，這條由創造性智慧特別爲我們鋪設的通向道德淨化的道路，我們難道能夠在社會契約中放棄嗎？我們難道有權讓渡一種不可讓渡的權利嗎？我們答應放棄這一權利，這除了意味著我們答應在加入你們的市民社會時成爲沒有理性的創造物，成爲動物，好讓你們在馴服我們時少費些辛勞，難道還有什麼別的意思嗎？這樣一種契約難道是合法的、有效的嗎？」⑬ 爲此，費希特在書中大聲呼籲道:

「啊！人民，你們把一切的一切都捨棄掉，唯獨別捨棄掉思想自由。……你們交出、交出一切，唯獨別交出這個自天而降的人類守護神，別交出這種抵押品，這樣，在你們面前，除了忍辱負重之外，還會有另一種命運，你們一定應該堅守住這一東西。未來的子孫後代會極其驚異地向你

⑬ 《費希特全集》，第6卷，第13-14頁。

們索取你們祖輩交付給你們並應由你們交付給他們的東西。如果你們的祖輩也像你們一樣膽怯，那麼你們現在豈不還仍舊處於一個專制暴君的最恥辱的精神和肉體奴役之下嗎？在流血的戰爭中你們父輩所獲得的東西，你們只要通過一些勇氣就能堅守住。

呼喊吧！用各種聲音向你們的王公耳邊呼喊吧，直到他們聽見為止，你們絕不讓你們的思想自由被奪走，通過你們的行動向他們證明這種保證的確實可靠性。不要由於害怕被責備無禮放肆而嚇住自己。你們究竟對什麼無禮放肆呢？對金錢、王冠上的寶石、對你們君主的紫袍衣著，不——而是對他們。認為人們可以對君主說一些他們不知道的事情，這並不是自恃正確。

不，君主，你不是我們的上帝，從上帝那裡我們期待幸福，而從你那裡我們期望保衛我們的權利，你對於我們不應當是神聖的，你應當是公正的」⓮。

按照費希特的想法，人的自由乃是人類永不可讓渡的理性的權利，任何靠契約關係而建立的國家絕不能剝奪或限制這項不可讓渡的權利，因此國家這種形式絕不是人的絕對目的。費希特按照康德的想法，把國家和社會相區別，他認爲康德所謂合乎概念合乎目的的共同體就是一種社會的概念，而這種合乎概念合乎目的就是指自由。他說：「通過自由所造成的相互作用是社會的積極的特性」⓯。從這種區分國家和社會的觀點出發，費希特在上

⓮ 《費希特全集》，第6卷，第6-9頁。

⓯ 費希特：《論學者的使命》，第17頁。

述兩篇政治論文中闡發了一個非常寶貴的重要見解，即國家消亡學說。在費希特看來，一切國家組織都是人類實現自己終極目的——即一個由每個人的自由發展構成一切人的自由發展的條件的社會共同體——的手段，因而一切國家組織作爲這樣的手段就都應當是暫時的，它們需要不斷改變和簡化，以致最後廢棄自身而讓位於理性的普遍有效規律的統治。不僅是壞的國家終將改變，而且好的國家也要改變，不過它是「自行而改變」，猶如「蠟燭之火，它照亮別人而自行耗蝕著自己，天若破曉，它也就熄滅」，他曾用機器停止轉動來作比喻：「如果確實選中了適當的方法，人類就能逐步接近自己的偉大目標，人類的每一個成員都將更加自由，而那些已達到目的的手段就該廢棄了。這種國家憲法機器中的一個齒輪將隨著另一齒輪停止轉動而被拆掉，因爲下一個將被嵌接的齒輪會開始以自己的衝力進入運動。這架機器會越來越簡單。終極目的一旦能完全實現，就不再需要任何國家憲法了，機器將停息，因爲再也沒有什麼反作用力推動它了。理性的普遍有效規律將把一切人都聯合起來，以達到最高的信念統一。任何別的法律都無需再對他們的行動進行監督。任何標準都無需再去規定每個社會成員應犧牲自己的多少權利，因爲沒有一個人的要求會超過所需，也沒有一個人的給予會少於所需。任何法官都無需再對他們的爭執進行裁決，因爲他們將永遠一致」[16]。這種見解他在一年後寫的《論學者的使命》講演裡曾得到更明確的發揮，他說：「各位先生，你們知道，不把一般社會與那種由經驗制約的特殊社會——大家稱之爲國家——相混淆，是多麼的重

[16] 《費希特全集》，第6卷，第102頁。

要。不管一個非常大的大人物怎麼說，國家生活不屬於人的絕對目的，相反地，它是一種僅僅在一定條件下產生的、用以創立完善社會的手段。國家也和人類的一切典章制度一樣，是純粹的手段，其目的在於毀滅它自身。任何一個政府的目的都是使政府成爲多餘。現在確實還不是這樣做的時候，而且我也不知道要經過多少萬年或多少萬萬年才會到達那個境地。……現在雖然不是這樣做的時候，但毫無疑問，在人類 a priori（先驗）標明的前進路程上總有那麼一站，則那時所有的國家組織都將成爲多餘的。到那時，純粹的理性將會代替暴力或狡猾行爲，作爲最高仲裁者而得到普遍承認」⑰。費希特這種思想對於半個世紀後的馬克思主義創造人無疑發生了深刻的影響，正如恩格斯所說的：「如果說，德國資產階級的教書匠們已經把關於德國大哲學家和他們所創立的辯證法的記憶淹沒在一種無聊的折衷主義的泥沼裡，而且已經做到了這樣一種程度，以致我們不得不引用現代自然科學來證明辯證法是存在於現實之中的，那麼，我們德國社會主義者卻以我們不僅繼承了聖西門、傅立葉和歐文，而且繼承了康德、費希特和黑格爾而感到驕傲」⑱。

這兩篇噴湧著革命激情的政治論文，自然使費希特在政治舞臺上大受注目。耶拿《文匯報》從1793年6月開始連續地向讀者推薦說，這是一部包含著「一個思想深刻、結構嚴密的體系的輪廓」的重要著作，「它與許多業已發表的同類著作相比，具有卓越的徹底性」。弗・卡・福爾貝格（Forberg, F. K. 1770-1848）在給他的奧地利友人的信中說：「你可能不知道，已經出版了一

⑰ 費希特：《論學者的使命》，第17頁。
⑱ 《馬克思恩格斯全集》，第19卷，第347頁。

本論述法國革命的書，從書中提出的原理的明確性來看，它不僅超過了迄今在德國關於那個值得注意的事件所寫的一切，而且在我看來甚至也超過了在英國和法國關於那個事件所寫的一切」[19]。歐洲各國進步人士和廣大青年學生對費希特表示最衷心的尊敬和最熱情的崇拜，認爲他是最勇敢的一位保衞人權和人的價值的民主戰士。費希特在蘇黎世一時成了知名人物。丹麥詩人巴格森(J.I. Baggesen 1764-1826) 和德國藝術家卡爾·路德維希·費爾羅專程去蘇黎世拜訪費希特，費爾羅後來還在紀念册上寫道:「上帝講: 有光! 於是就有了批判哲學。我永不會忘記那次會見，那時我在您身上看到並且愛上了一切女神中的這些最富有人性的和一切科學中這些最富有神性的第一批最有價值的牧師中您這位牧師 —— 很久以來，我就這樣評價您，我的精神和心靈對於那短暫而寶貴的天堂似的幾個小時 —— 這幾個小時使我經歷了您的社會 —— 的紀念也將是難以忘卻的。以最深切的敬意向您問候」，下面簽下「所有眞、善、美的一位自由朋友卡爾·路德維希·費爾羅」[20]。

突然，一個幸福的美景出現在費希特的面前，1793年底耶拿大學因賴因霍爾德 (K. L. Reinhold 1757-1823) 去基爾大學任教而聘請費希特去接任哲學副教授一職。這對於飽經不幸的費希特當然是一個莫大的幸運，他立即給負責耶拿大學的魏瑪公國教育大臣福格特 (Ch. G. Voigt 1743-1819) 遞了應聘書，答應在次年復活節前在耶拿開講哲學課。從此，費希特總算以他自

---

[19] 《同時代人談論中的費希特》，第1卷，斯圖加特，1978年，第56頁。

[20] 引自波特勒《費希特，行動在召喚》，第63頁。

己的智慧和勤勞結束了他的飄泊不定的漫遊生活，但在他前面的路程是否是一帆風順的呢？

六、知識學的形成

費希特是在1794年5月到耶拿大學任教的。不過，在我們進一步了解費希特在耶拿的哲學活動之前，我們有必要對費希特來耶拿之前、也就是從1793年11月至1794年4月的理智生活的發展作一番介紹。這時期儘管只有短暫的半年，但卻是費希特制定他自己獨特哲學體系即知識學的關鍵性時期。這時期可以說是費希特的知識學的開創性時期。

根據我們掌握的資料❶，費希特在1793年10月與約翰娜·拉恩喜結良緣之後，隨即進行了三項哲學創作活動：其一是他在1793年11月認眞地研究了恩斯特·舒爾策（G. E. Schulze 約1761-1833）評論賴因霍爾德的基礎哲學的論著《埃奈西德穆》，並在這種研究基礎上撰寫了〈評「埃奈西德穆」草稿〉（1793年冬）、〈對於基礎哲學的獨自沉思〉（1793年底）和〈實踐哲學〉（1793年底／1794年初）。其中〈評「埃奈西德穆」〉經過修改後於1794年2月在耶拿《文匯報》上發表，這是一篇初步表述他自己獨特哲學體系即知識學的重要哲學論文。其二是他自1794年2月起至4月底在其蘇黎世友人中講解他初步形成的知識學體系，並在最後一次講演中以「論人的尊嚴」爲題闡述了他的

❶ 這裡我要感謝我的學友梁志學教授撰寫的《費希特青年時期的哲學創作》一書（中國社會科學出版社，1991），它給我提供了許多這方面的寶貴資料。

新哲學體系對宇宙和人生所具有的意義。其三是他在1794年 4 月接受他朋友的建議，用德文寫出一本短篇論著《論知識學或所謂哲學的概念》，把它作爲他在耶拿大學就職的哲學綱領，在開講以前印發給自己的聽眾。在這篇論著中，他以最簡潔的方式賦與他的知識學以嚴格的系統的科學形式。

在費希特自己獨特哲學體系即知識學的形成過程中，賴因霍布德 (Reinhold, K. L. 1757-1823) 無疑是一個重要的中介人物，費希特也正是在他的影響下致力於批判哲學研究的。正如我們所知，賴因霍爾德很早就以他的《康德哲學通信》一書獲得他的老師康德的稱讚，此後一直以康德批判哲學的解釋者自居，建立了他所謂改進和發展康德哲學的基礎哲學 (Elementalphilosophie)，即他所謂的「未名哲學」(Philosophie ohne Beinamen)。按照賴因霍爾德的看法，康德的批判哲學雖說是無與倫比的智慧結晶，但它關於理論理性與實踐理性的分離，以及關於認識能力、情感能力和欲求能力的不統一，卻是該體系內不容忽視的致命缺陷。爲此，賴因霍爾德在他所謂改進批判哲學的基礎哲學中，只設定了一個絕對第一的、由自己徹底規定自己的和普遍有效的命題或原理，試圖只從這個唯一的命題出發，邏輯地推演出其他一切哲學命題，從而將理論理性和實踐理性在一個體系裡統一起來。賴因霍爾德認爲這個命題就是意識命題，他把它表述如下:「在意識中，表象是通過主體而與主體和客體區別開來的，並且是通過主體而與主體和客體聯繫起來的。這個命題直接地表達的是在意識中發生的事實，反之，關於表象、客體與主體的概念則是這個命題僅僅間接地，即在它們由那種事實規定的限度內表達的」❷。對於賴因霍爾德這種以意識命題推導主體、客體和表象概念的獨斷論， 赫穆斯泰特大學哲學教授舒爾策於1792年夏發表了他的未署名的論著《埃奈西德穆》。埃奈西德穆（Aenesidemus）原是公元前一世紀一位羅馬皮浪主義者的名字，因此《埃奈西德穆》這部論著的中心思想，就是借助懷疑派觀點反駁賴因霍爾德的獨斷論。費希特曾對這部著作的內容巧妙地作了這樣的描述：「批判哲學的熱情崇拜者赫爾米亞通知埃奈西德穆說， 他特別依據賴因霍爾德的基礎哲學， 建立了對於這種哲學的眞理性和普遍有效性的充分確信，而持有另一種意見的埃奈西德穆則寄給他兩封審核這種哲學的信件」❸。 在舒爾策看來，儘管賴因霍爾德建立了意識命題作爲一個最高的普遍有效的原理，從而哲學被提高到了科學的地位，但意識命題卻是一個抽象命題，一個純粹分析命題， 它本身旣不精確也不完備，「遠遠不是一個由自己徹底規定自己的命題」。按照舒爾策的看法，賴因霍爾德的意識命題原本是想排除一切表象活動的經驗基礎，實際上反倒證明了它所否定的這一方面，因爲意識命題所表述的表象活動本身以及一切純粹的條件只有通過表象活動的表象，也即通過經驗，才能被給予意識，因而居於全部哲學之首的意識命題反倒是以經驗的自我觀察爲基礎的。因此舒爾策在他的書中批評道：「意識命題旣不是一個普遍生效的命題， 也沒有表達一個似

---

❷ 賴因霍爾德：《糾正迄今哲學家的誤解》，第1卷，＜關於基礎哲學的原理＞，耶拿，1790年，第167頁。譯文引自梁志學《費希特青年時期的哲學創作》，第135-136頁。

❸ 《費希特著作選集》，第1卷，商務印書館，1990年，第422頁。

乎不受任何特定經驗和可靠推理約束的事實」❹。舒爾策在他的書中不僅批評了賴因霍爾德爲證明批判哲學而提供的那個作爲最高原理的意識命題，而且也把矛頭伸向了批判哲學的創始者，對康德的《純粹理性批判》進行了審核。在這種審核中，舒爾策借助於休謨的懷疑論來批評康德哲學，他說《純粹理性批判》僅僅將我們的精神結構設想爲綜合判斷的根據，「恰恰是休謨要求的那種推論方式應被假定爲有效的」❺，因此康德哲學並沒有眞正駁倒懷疑論，「從我們在當前只能以某種方式解釋與思考某種東西，根本不能得出結論說，我們從來都不可能以別的方式思考這種東西」❻，在舒爾策看來，「從精神中推演出我們認識中的必然東西和普遍有效東西，較之從我們之外的對象對我們的作用方式推演它們，絲毫不會使這種必然東西的存在更加容易理解」❼。

舒爾策對於作爲批判哲學代表的賴因霍爾德的批判在當時應當說是有積極意義的。正如我們前面已說過，在當時德國哲學界裡，康德哲學佔據了絕對的統治地位，它的一些忠實門徒不僅認爲自己能以一種對一切未來均有效的絕對正確方式規定眞理和陳述眞理，而且還把任何想對他們專斷思想進行批評的試圖斥之爲缺乏理性的表現。舒爾策針對康德門徒的這種專橫統治，大膽地表露了這樣一種見解，即我們在自己的嚴肅認眞的哲學思考中，不僅要反對「那種關於迄今存在的獨斷論哲學體系從來都不會犯

❹ 舒爾策：《埃奈西德穆》，引文引自《費希特著作選集》，第1卷，第424頁。

❺ 同上書，第431頁。

❻ 舒爾策：《埃奈西德穆》，引文引自《費希特著作選集》，第1卷，431-432頁。

❼ 同上書，第433頁。

錯誤而永遠正確的說法」， 而且也要反對「那種關於從事哲學思考的理性應該就此止步而不必再加以完善的說法」❽。舒爾策以基督教新教派對天主教的反叛爲例，把自己這種態度稱之爲「抗議派」，以示對獨斷論的專橫統治提出抗議。

費希特是在1793年 5 月從耶拿《文匯報》上看到舒爾策這部論著的書評的，當時就引起了他極大重視，因爲他是一個康德哲學的熱情崇拜者，他是否也如舒爾策所批評的那樣，是那種認爲「不會犯錯誤而永遠正確」的人群中的一個呢？只是因爲此時他正忙於從但澤返回蘇黎世結婚以及撰寫《糾正公眾對於法國革命的評論》，無暇顧及，所以直到10月，在他與約翰娜・拉恩結婚後，才在瑞士認眞研讀了舒爾策這部論著。舒爾策對於賴因霍爾德的不無道理的批評使費希特看到這位自命爲批判哲學解釋者的發揮並不正確，而舒爾策對康德哲學的十分尖銳的批評也使費希特覺得這位批判哲學家的體系亟須加以改造。這段時期是費希特進行自我反省和艱苦思想鬥爭的時期，正如他在1793年12月寫給他的朋友亨・斯泰范尼 (Stephani, H. 1761-1850) 的信中所說的:「《埃奈西德穆》使我在很長的一段時期感到困惑。在我的心目中，它打垮了賴因霍爾德，也使康德成爲可疑的，並從根本上推翻了我的整個哲學體系。在自由的蒼天之下可眞無法安身了！沒有任何其他辦法，我必須重新構築體系。六個星期以來，我一直全心全意地從事這項工作。您會對我的成果感到喜悅。我已經發現了一塊新的基地，從這塊基地出發，全部哲學很容易得到闡發。康德哲學畢竟是正確的，但只是在它的結論中，而不是

❽　舒爾策:《埃奈西德穆》第Ⅹ頁，譯文引自梁志學《費希特青年時期的哲學創作》，第133頁。

在它的根據中。在我看來，這位舉世無雙的思想家會日益令人驚異。我認爲他有一種天賦，這種天賦在沒有向他表明眞理的根據時，就把眞理啓示給了他。我相信，我們在幾年之內很快就會得到一種具有像幾何學那樣的自明性的哲學」❾。

費希特究竟從舒爾策的《埃奈西德穆》裡得到哪些使他感到需要重新構築自己體系的東西呢？儘管整體來說，費希特的〈評「埃奈西德穆」〉是不同意舒爾策的觀點的，並認爲舒爾策在許多地方是曲解了賴因霍爾德，特別是康德的——費希特在文中嘲笑舒爾策道，「儘管他天眞地保證確實讀過並且也理解《純粹理性批判》，但他那種借赫爾米亞之口敍述這部著作的方式就清楚地表明埃奈西德穆本人並不理解《純粹理性批判》」❿。但是，在他仔細而具體地考察舒爾策的批判時，他確實也發現了賴因霍爾德和康德各自的根本缺陷。例如，當舒爾策在批判賴因霍爾德的意識命題是一個抽象命題、先驗命題或純粹分析命題，而主張意識命題是一個具體命題、綜合命題或經驗命題時，費希特表示，像賴因霍爾德那樣把意識命題僅作爲先驗命題置於一切哲學之首，是有片面性的，因爲意識命題作爲經驗命題也會得到證明，同樣，像舒爾策那樣把意識命題僅當作經驗命題，也是有片面性的，因爲確實理解這一命題的人並不認爲它單純有經驗有效性，而是它的反面也應加以考慮。費希特以十分肯定的語氣寫道:「評論者（指費希特自己）至少認爲他自己已經確信，它是一個以另一個原理爲基礎的定理，依據這個原理，而不依賴一切經驗，它就可以 a priori（先驗地）得到嚴格的證明。過去把它

❾ 《費希特書信選》，M. 布爾編，來比錫，1986年，第94頁。

❿ 《費希特著作選集》，第1卷，第432頁。

制定成為一切哲學的原理的第一個錯誤前提，就在於認為人們一定是從事實出發的。雖然我們一定擁有一個現實的、並非單純形式的原理，但是，如果允許冒昧地作出一個在這裡既不能加以解釋，也不能加以證明的論斷，這樣一個原理則恰好一定不是表述事實，而是也能表達一種本原行動」⑪。這裡費希特明確地把本原行動（Tathandlung）設定為一切哲學之首的最高原理，這和他後來建立的知識學體系是一致的，表明當時他已離開了康德由客觀到主觀的理論理性出發點，而轉到了由主觀到客觀的實踐理性出發點。再如，當舒爾策批評康德的自在之物不可思議時說：「我們的本質的整個機制曾經把我們培植起來，使得我們只有在我們完全看出我們的表象以及其中出現的標誌與一個可能完全不依賴於它們而存在的某物相關聯、相符合時，才能對我們的認識感到寬慰」⑫，並以此認為康德的自在之物是新懷疑主義的根源，在這裡費希特立即寫道：「至少評論者覺得，康德與賴因霍爾德在很長的時期還沒有針對這種讕言作出足夠鏗鏘有力的說明，而它正是對批判哲學提出的一切懷疑論和獨斷論異議發生的共同根源」⑬。按照費希特的看法，康德區分表現給我們的事物與自在之物，這種區分僅僅是暫時對作出這種區分的人有效，而根本的解決還是要「返回到賴因霍爾德光榮開闢的途徑上繼續前進」，也就是我們將會發現「最直接可信的事實——『自我存在』——也僅僅對自我有效，一切非我僅僅是為自我而存在，非我只有通過自己與自我的關聯，才獲得這個先驗存在的一切規

⑪ 《費希特著作選集》，第1卷，第426頁。
⑫ 舒爾策：《埃奈西德穆》，引文引自《費希特著作選集》，第1卷，第437頁。
⑬ 《費希特著作選集》，第1卷，第437頁。

定」⑭。很顯然，這裡已把費希特自己獨特哲學體系的主要範疇及其關係簡略地勾畫出來。總之，費希特在他這篇〈評「埃奈西德穆」〉文章中，儘管從總體上說他是不同意舒爾策這篇論文的，但他認爲舒爾策這篇文章「確實有許多很好的和中肯的意見」，他自己的唯一希望就是「莫過於自己的評論會有助於使許多獨立思考的人確信，康德哲學本身就其內容而言，依然堅實如故，但是還需要做很多工作，把各種材料整理成一個密切關聯、堅不可摧的整體」⑮。

可能正是這樣一種殷切希望使費希特在這一時期重新思考自己的哲學之路，即放棄重述康德哲學而構造自己眞正作爲科學的哲學，正如他在 1793 年 11 月寫給 L. W. 弗洛默爾（Wloemer ?-1831）的信裡所說的：「我讀過一位堅定的懷疑主義者的著作以後，立即得到一個明確的信念，那就是哲學還遠遠沒有達到科學的地步，所以我不得不放棄我自己迄今的體系，而構想一個可以站得住的體系」⑯。

當費希特接受了耶拿大學的邀請時，他的一些蘇黎世朋友感到惋惜，拉發特（J. K. Lavater 1741-1801）表示了這樣的意見：「如果我們讓人家把這樣的人從我們的城市拉走，而不妥善使用他，那可眞是不負責任」，於是，幾位富有思想、熱愛眞理的人就很快組成了一個小組，請求費希特在離開之前給他們作哲學報告，費希特自己也感到這是一個公開表露自己新體系的極好機會，便欣然同意。於是每星期在拉發特家作報告，這些報告就

⑭ 《費希特著作選集》，第439頁。
⑮ 《費希特著作選集》，第 1 卷，第443頁。
⑯ 《費希特書全集》，巴伐利亞州科學院版，第 3 輯，第 2 卷，第14頁。

是以後出版的《全部知識學的基礎》的初稿。

費希特在1794年4月25或26日最後一場報告是作爲向他的朋友和支持者們發表的告別演說，題目是「論人的尊嚴」，這裡明確地表露了費希特自己新哲學體系的人本位立場：

「我們已經完全度量了人的精神，我們已經奠定了一個可以建立起一種科學體系的基礎，這種科學體系就是人原初的體系的正確表述。

哲學教導我們說，要在自我中尋找一切事物。唯獨通過自我，僵死的、沒有形式的物質才具備秩序與和諧。唯獨從人出發，規則性才在人的周圍向四處傳播，達到人能觀察到的界限，人把這個界限延伸到什麼地方，秩序與和諧就被延伸到什麼地方。人的觀察給每個具有無限的差異性的對象都標出其特有的位置，以致任何一個對象都不會排擠另一個對象；人的觀察同時也把無限的差異性統一起來。通過人的觀察，各個天體聚集在一起，僅僅形成一個有組織的物體；通過人的觀察，各個恆星沿著自己的預定軌道旋轉。通過自我，出現了從蘚苔植物上升到六翼天使的巨大階梯，在自我中就包含著整個精神世界的體系。……隨著人類文化的不斷進步，對宇宙的開拓也會同時不斷進步。一切在現今還沒有形式、沒有秩序的東西，將通過人而變得具有美妙的秩序，一切在現今已經和諧的東西，將按照迄今尚未闡明的規律而變得越來越和諧。人會把秩序帶入雜亂無章的東西裡，把計劃帶入完全毀滅的東西裡；通過人，腐朽會變為神奇的創造，死亡會呼出壯麗的新生。

如果我們把人單純視為從事冷靜觀察的理智力量，人就不過是如此，但如果我們把人設想為從事實踐活動的能動力量，人是多麼偉大啊！

不僅如此，在人的周圍，人們的靈魂卻會變得高尚起來。一個人的發展程度越高，他對人們的影響就越深刻而廣泛。凡是帶有人性的真正印記的，絕不會被人類誤解；對於人道的每次單純表露，每個人的精神，每個人的心靈，都傾吐出自己的衷情。在高尚的人的周圍，人們形成了一個志同道合的群體，那位具有最大的人道精神的人在這個群體中往往處於中心地位。人們的精神力量相互統一，做到萬眾一心。大家有統一的理解，有統一的意志，並且都是參加人類唯一可能的偉大計畫的合作者。高尚的人把他的時代大力推向人類發展的一個更高階段，人類回首往事，會對自己已經跨過的鴻溝驚嘆不已，高尚的人竭力從人類的編年史中汲取自己所能獲得的教益。

你們拆掉人的茅屋吧！就人的存在而言，他本來就完全不依賴於一切在他之外的東西；他完全是通過他自身而存在的。甚至在茅屋裡，他在他的精神昇華的時刻，也有對這種真正的存在的感受，在這樣的時刻，空間、時間和一切不屬於他本身的東西都在他面前消失了，他的靈魂強行脫離他的軀體，但為了達到他只有借助軀體才能實現的目的，隨後又自願返回他的軀體。

你們挫敗人的各種計畫吧！你們儘可阻礙人的各種計畫的實施，但在人類漫長的編年史中千百萬年又算什麼呢？是在我們快要甦醒的時候，凌晨做過的一場小夢。人會永遠生存，人會永遠行動。你們覺得是消逝的東西，不過是人的範圍的擴大；你們覺得是死亡的東西，不過是人要過高尚生活的時機的成熟。人的計畫的各種色調，人的計畫的各種外形，可能在他面前消逝，但他的計畫依然不變；在他真正存在的每個時刻，他都把外部的新東西不斷地攫取到他自己的範圍裡，他都把這種東西不斷地據為己有，直到他把一切東西都吞併到他自己的範圍裡，直到一切物質都帶有他的影響的印記，一切精神都與他的精神構成一個精神。

在我作如是想時，大地和蒼天，空間和時間，以及感性世界的一切界限，都在我面前消失了，難道個體就不會在我面前消失嗎？我並沒有將您們歸結為個體。

『一切個體都包含在一個巨大的純粹精神統一體中』，但願這成為我給您們留念的最後一句話，並且成為我向您們告別的留念」⑰。

這就是費希特哲學體系的根本精神：能動的自我是宇宙的有序化的本源，而被動的非我或物質則是宇宙的無序化的場所，自我不僅對浩瀚的宇宙不斷進行開拓，而且對無限的精神也不斷進行開拓，這是一種呼喚「我在」的偉大心聲，正是這種心聲構成了費希特知識學的基石。

不過，要了解費希特的知識學作爲一門科學體系，我們還得

---

⑰ 費希特：＜論人的尊嚴＞，見《費希特全集》，德文版，第1輯，第2卷，第87-89頁，譯文引自梁志學《費希特青年時期的哲學創作》，第146-150頁。

從他在去耶拿大學任職前最後撰寫的一篇論文進行考察。這篇論文的題目是「論知識學或所謂哲學的概念」，這是他採納他朋友的建議，爲他將在耶拿講授哲學所寫的一篇知識學體系的綱領。這篇論文的目的，正如他在前言中所說的:「讀了新懷疑論者，特別是埃奈西德穆的著作和邁蒙的優秀作品，使這篇論著的作者完全確信，哲學卽使通過最有洞察力的人們的最新努力，還是沒有被提高到一門不證自明的科學的地位上」[18]，爲此，他的意圖就是試圖把他所接受的批判哲學提高成爲一門不證自明的科學。

這篇論文首先把他制定的新哲學體系正式命名爲「知識學」(Wissenschaftenslehre)，也卽科學學。費希特爲什麼要採用知識學來替代哲學呢？按照費希特的看法，哲學作爲一門科學，是毫無疑義的，但光承認哲學是一門科學，卻不能劃淸哲學與其他具體科學如幾何學、物理學等的區別，事實上，哲學乃是「關於一般科學的科學」，或者更明確地說，哲學乃是「關於一切科學的科學」。這裡費希特對哲學與一般具體科學作了三點重要區分：首先，哲學研究的對象與一般具體科學研究的對象根本不同，哲學是以整個人類知識的體系爲對象，它不僅論證一切迄今已知的和發現的科學，而且也論證一切可以發現的和可能的科學，反之，一切具體科學只是一門關於局部、知識的科學，它們以人類知識的某個特定領域爲對象，它們僅僅論證一切已發現和可以發現的具體東西。其次，哲學作爲一切科學的科學，也就是說哲學作爲一切科學的基礎，它的絕對第一原理本身是不可能被

[18]　《費希特著作選集》，第1卷，第447頁。

證明的，而只能爲我們所設定，反之，每一門可能成立的科學雖然也有一個在它之內不能得到證明的第一原理，但這個原理可以在一門作爲一切可能科學的科學即哲學中得到證明，因而哲學包含於一切科學之內，而一切科學均以它爲前提。第三，構成任何一門具體科學的理論系統都是一種從原理出發而無限向前推導的命題系列，它不再返回原初的原理，反之，知識學作爲科學系統是一個由命題組成的自我封閉的圓圈，它由以出發的原理同時也是最終的結論，費希特說：「因此知識學具有絕對的總體。在這個總體中一本導出萬殊，萬殊歸於一本。它是能夠臻於完滿境地的唯一的科學，所以完滿性是它突出的標誌。所有其他的科學都是無限制的，它們永遠無法臻於完滿境地，因爲它們不再返歸於它們的原理」⑲。

一旦作爲哲學的知識學被定義爲一般科學的科學或一切科學的科學，那麼這門知識學顯然首先就要像歐幾里德那樣成爲一門具有系統形式的科學，也就是說，要成爲一種嚴密的公理系統。按照費希特的看法，知識學要成爲這樣一種公理系統，必須具備兩個根本條件：其一，它必須具有確實的最高原理，而這個原理是不可再證明的，費希特說：「知識學本身是一門科學，因此它也必須首先有一個原理，這個原理在它本身是不可能被證明的，而是必須爲了它的可能性而予以假定。但是這個原理也不能在任何其他高級科學中被證明，因爲否則這高級科學就會是知識學，而那個其原理必須先加以證明的科學就不會是知識學」⑳。其二，它必須是一個統一的完備的命題系統，即它的所有命題都能按照

⑲　《費希特著作選集》，第1卷，第470頁。

⑳　同上書，第458頁。

邏輯規則從它的唯一的最高原理進行推導，也就是說，只有當所有命題構成一個整體時，它們才能成爲一門科學。費希特認爲這兩個條件對於作爲科學的知識學是缺一不可少的，光具有系統的形式而不具有確實的最高原理，即使它有多麼嚴密的系統形式，它也不會成爲科學，例如神學家依據「空中存在著一些具有人的愛好、激情和概念以及由以太組成的形體的創造物」這一命題而建立的所謂精靈學，不論其本身的邏輯推理多麼嚴格，也不論它的各部分的相互聯繫多麼緊密，它也不會成爲科學，反之，光具有最高原理，而不具有系統的形式，即使這個最高原理是多麼確實，它也不會成爲科學，例如一位操作機械的工人說「垂線與地平線構成兩直角」，儘管這一命題是確實的，但它並不構成一系統，因而不能成爲科學，因爲這些命題「只有在整體中，只有通過它們在整體中的地位和它們對整體的關係，才能成爲科學」㉑。

其次，這門知識學一定要成爲關於一般科學的科學，即一切其他可能的科學均以知識學爲其基礎，一切必須成爲某一科學的命題的東西均已包含在知識學的某一命題中。費希特是這樣論證的：「每一門可能成立的科學都有一個在它之內不能得到證明，而必須在它之前就已確實的原理。這個原理應當在什麼地方獲得證明呢？無疑是在一門必須能論證一切可能的科學的科學中得到證明」㉒，而這一切可能的科學的科學就是知識學。因此費希特認爲知識學必須做兩件事：1.必須一般地論證原理的可能性，說明某種東西以何種形式、在何種界限內、在什麼條件下，也許還

㉑ 《費希特著作選集》，第1卷，第452頁。

㉒ 《費希特著作選集》，第1卷，第457頁。

有在何種程度上可以是確實的，以及「是確實的」一般意味著什麼；2.必須具體地論證一切可能的科學的原理，而這些原理在這些科學自身內是不能得到證明的

按照費希特的分析，知識學至少應當設定三個原理，這三個原理可以用內容和形式的關係來解釋。首先是絕對第一原理，這個原理不論就內容而言或就形式而言，都是全然由自身規定的，他說：「這個原理必須直接通過它自身而成爲確實的，而這只能意味著，它的內容決定它的形式，以及相反的，它的形式決定它的內容。這形式只能適合於該內容，這內容只能適合於該形式。這一內容的任何其他形式都會取消那原理本身，並隨之取消一切知識，這一形式的任何其他內容同樣也會取消那原理本身，並隨之取消一切知識。因此，知識學的絕對第一原理的形式不僅是由原理本身賦予的，而且也被制定爲對該原理的內容全然有效」㉓；其次是第二原理，這個原理的形式是絕對的，即全然可由自身規定的，但其內容卻是有條件的，即受絕對第一原理所制約的：最後是第三原理，這個原理的內容是絕對的，即全然可由自身規定的，但其形式卻是有條件的，即受絕對第一原理所制約的。費希特寫道，知識學「不外乎有以下三個原理：一個是絕對原理，它不論就內容而言，或就形式而言，都是全然由自身規定的，另一個是就形式而言，由自身規定的，再一個是就內容而言，由自身規定的」㉔。這三個原理也就是他以後在《全部知識學的基礎》一書中所設定的三條原理：第一條，絕對無條件的原理，即「自我設定自我」；第二條，內容上有條件的原理，即「自我設定非

㉓《費希特著作選集》，第1卷，第460頁。

㉔ 同上書，第461頁。

我」；第三條，形式上有條件的原理，即「自我在自身之內設定一個可分割的非我，以與可分割的自我相對立」。這三條原理構成本原行動展開的三大步驟。

按照費希特的劃分，知識學應當分爲兩個部分，即理論知識學和實踐知識學。正如上面所述，第三個原理已劃分了兩個對立的環節，即可分割的自我和可分割的非我，這樣就出現了兩條不同的過渡途徑：其一是從可分割的非我到可分割的自我的過渡；其二是從可分割的自我到可分割的非我的過渡。前一種過渡屬於理論知識學，後一種過渡屬於實踐知識學。所謂從可分割的非我過渡到可分割的自我，就是非我規定自我，或自我由非我所規定，費希特說：「或者，自我是由非我規定的。因此，自我是非獨立的，它被稱爲理智，而知識學中論述理智的部分是其理論部分。這個理論部分是建築在需要由原理得出並由原理加以證明的一段表象概念上的」㉕。所謂從可分割的自我過渡到可分割的非我，就是自我規定非我，或非我由自我所規定，費希特說，「但是，自我必須是絕對地、無條件地由它自身規定的，如果它是由非我規定的，它就不是自己規定自己，並且會與最高的、絕對第一位的原理相矛盾。爲避免這種矛盾，我們必須假定，規定理智的非我本身是由自我規定的，自我在這種工作中不是能表象者，而是應具有一種絕對因果性」㉖。這種絕對的因果性概念——即非因果性的因果性概念——乃是關於一種努力的概念，「這個需要證明爲必然性的努力概念給知識學第二部分奠定了基礎，這個

㉕《費希特著作選集》，第1卷，第489頁。

㉖ 同上。

部分就叫做實踐部分」[27]。

費希特認爲，實踐部分在知識學中具有極其重要的地位。雖然理論部分是實踐部分的基礎，沒有這個基礎，實踐部分便根本不可理解，但是實踐部分就其本身而言則是最爲重要的部分。按照費希特的看法，知識學的實踐部分之所以最爲重要，有兩方面原因：其一是理論部分只有在實踐部分中才能獲得自己的明確界限和牢固基礎，例如，爲什麼我們一般必須在某種現有作用的條件下才能有表象活動？憑什麼理由我們把表象與我們之外的某種東西聯繫起來，把它們看作表象的原因？我們根據什麼理由假定一種完全由規律確定的表象能力？諸如這類的問題只有從作出的必然努力出發方可予以回答。其二是實踐部分中所建立的理論極其廣泛，它不僅包括了關於美感、自然規律與人類理智的理論，而且包括關於天賦權利、道德和宗教的學說。在費希特看來，科學不是爲了無聊的智力遊戲和優雅的奢侈需要而發明的，「我們的一切研究都必須著眼於人類的最高目的，著眼於我們作爲其成員的類屬的完善，並且必須從受到科學教養的門生出發，就像從中心點出發那樣在周圍傳播一種最高意義上的人道精神」[28]。他呼籲道：「學者現在缺乏的往往不是知識，而是行動」[29]。

總之，「論知識學或所謂哲學的概念」向我們表明了，費希特已從康德的批判哲學出發，超過了賴因霍爾德的基礎哲學，初步建立了自己特有的知識學體系。這就是說，費希特在把批判哲學改建爲一個嚴密的科學體系的過程中，不再把那個被賴因霍爾

[27] 同上書，第490頁。

[28] 《費希特著作選集》，第1卷，第491頁。

[29] 同上書，第492頁。

德作爲理論理性提出的意識命題當作最高原理，而是把這個由他自己首次作爲實踐理性提出的本原行動當作最高原理，正如他在1795年4月致賴因霍爾德的信中所指出的：「您在擬定全部哲學的基礎以後，必定是把情感能力和欲求能力作爲一種性質從認識能力推演出來。康德根本不想把人所具有的這三種能力隸屬於一個極高的原則之下，而只是讓它們繼續保持平等的地位，我完全同意您的看法，它們是隸屬於一個極高的原則之下，但不同意您的這個觀點，即這個原則可能是理論能力的原則，在這點上我與康德一致，而與他不一致的地方在於，那些能力不應是被隸屬的。我通常將它們隸屬於主體性的原則之下。這條道路被您用您的基礎哲學完全切斷了，因爲您提出一個最高原則，而我則認爲它是被隸屬的。康德保留了這條道路，因爲他只是聲明反對隸屬於理論的原則」㉚。這種觀點正如他在《全部知識學的基礎》這部代表作中所說的，「並不是好像理論能力使實踐能力成爲可能，反之，倒是實踐能力使理論能力成爲可能（理性自身只是實踐的東西，只在它的規律被應用於一個對理性施加限制的非我時，才成爲理論的東西）」㉛。因此，〈論知識學或所謂哲學的概念〉這篇論文已宣告了知識學體系的誕生。

綜上所述，費希特在去耶拿大學正式任教之前已對自己的哲學講座作了充分的準備，從這種準備我們可以有把握的推測，他的哲學講座將會在耶拿大學獲得巨大的成功。以後的事實也證明了我們這一推測。

㉚　《費希特書信選》，第119頁。

㉛　《費希特著作選集》，第1卷，第539頁。

七、知識學的靈魂

1794年5月18日，費希特帶著無比興奮的心情到達耶拿。

當時耶拿大學正是聲譽鵲起。它和鄰近的魏瑪——德國新文學史上最光輝一頁的誕生地——構成了當時德國文學和哲學最進步的中心。在魏瑪聚集了像歌德、魏蘭、赫爾德、席勒和洪堡這樣一些光輝的星座，而在耶拿也不乏有哲學、文學、法學和科學的偉人和著名新秀。以編纂《愛希格魯斯集》和《西塞羅集》而在古典文學上得名的薛茲曾自詡地說他是第一個介紹批判哲學給耶拿青年的人；一個著名的法學家胡夫蘭（Hufeland, G. 1760–1817）闡述了康德倫理學原理，他的《自然權利》一書被公認爲是當時法律哲學上最好的著作之一；康德著名弟子賴因霍爾德，正如上面所述，曾以他的《康德哲學通信》一書受到康德本人的稱讚，在1787年耶拿大學爲他特設的講座中，他開始了自己力求改進和發展批判哲學系統的演講；1789年擔任歷史講座的席勒曾表明哲學原理如何同歷史研究和藝術創作有效地結合起來；加之還有保羅斯、洛德、埃席和斯密特等人，都是對德國思想起了促進作用而不可遺忘的人物。

如果我們從當時或以後的情況來看，耶拿大學更可以不愧說是德國哲學的聖地。德國哲學的歷史，就其最光輝的時期來講，可以說大部分就是耶拿大學的歷史。德國古典哲學幾位重鎭人物都在耶拿大學任過教和傳播自己的哲學思想：賴因霍爾德、費希特、謝林、黑格爾、弗里斯和赫爾巴特，加之還有像施雷格爾、荷爾德林這樣一些文壇巨人，因此這裡成了歐洲文化和教育的中心，它的學生不只是德國的青年，而且也有來自歐洲各個國家：瑞士、丹麥、波蘭、匈牙利、英國和法國。

費希特到達耶拿時，頗受到耶拿大學師生熱烈的歡迎和盛情的接待。這種熱切盼望他來耶拿大學任教的心情早在他來之前就表現出來了，他的朋友波第格曾寫信告訴他：「過去幾星期來，耶拿大學浸沉於一片難以形容的熱烈歡樂氣氛中，為的是復活節將要來到三位教授 —— 因為除了您之外，這裡還請到了大概是薩克森最有學問和最有教養的學者依爾根任東方學教授和沃爾特曼任歷史學高級講師。但是您的名字最響亮，渴望之情最高 —— 無疑其中部分原因是由於您被看作最勇敢地保衛人權的人，儘管繆司們的一些兒子對此持有不同的看法，但這卻是容易改正過來的」❶。

費希特在耶拿開設了兩門哲學課程，一門是哲學整個體系 —— 他稱之為「知識學」(Wissensohaftslehre) ——的專題講座，一門是知識學應用的通俗講演，前者博大精深，是專門為研究哲學的學生開的，後者簡易通俗，是公開為大學裡的一切學生和校外人士開的。在專題講座中，他首先講了「論知識學或所謂哲學的概念」，然後分別講解知識學的基礎，在通俗講演中，他首先講了「知識學的倫理學」，繼後開講「論學者的使命」等。他希望通過這兩個講座把知識學的理論部分（即知識學基本原理）和知識學的實踐部份（即知識學的應用）結合起來，以使聽

---

❶ 引自 R. 阿丹遜：《費希特生平及其哲學》，1881年，英文版，第44頁。

眾對知識學有一個全面的了解，從而使知識學對廣大公眾發生強烈的影響。

這兩門課程，費希特都獲得了顯著的成功。當他公開演講時，聽眾足足有五百人左右，大廳內外、走廊裡、院子裡、窗台上到處都擠滿了人群。有次由於講堂容納不下，他冒著傾盆大雨帶領一大群聽眾去到另一個大教室，簡直像是支浩浩蕩蕩的遊行大隊，這眞是大學裡前所未有的現象。耶拿大學本是賴因霍爾德的根據地，他的基礎哲學或「未名哲學」── 這是賴因霍爾德對其哲學（頗爲失敗的康德主義複製品）的稱呼，用以表示他的哲學既不是批判哲學，也不是獨斷論或懷疑論 ── 曾在這裡發生了很大的影響，但現在這一切似乎已經變了，費希特的知識學取代了賴因霍爾德的貧乏的未名哲學，正如當時耶拿大學講師福爾貝格所說:「賴因霍爾德走後，他的哲學，至少在我們中間是跟着死去了。『未名哲學』在學生頭腦裡已消失得一乾二淨。對賴因霍爾德的傾慕，從來沒有達到景仰費希特這樣程度。正如從前『質料』和『形式』的名詞一樣，現在『自我』(Ego) 和『非我』(non Ego) 成了哲學家的符號。正如從前相信質料有各種性質一樣，現在對於雙方都有取消契約的權利也沒有懷疑了」❷。確實，在德國這一時期，自從「自我」和「非我」第一次在耶拿出現後，立即成了哲學界的時髦術語，誰要想成爲一個哲學家，誰就要了解知識學。費希特一時成了哲學界的偶像和偉人。

當時正在瑞士伯爾尼任家庭教師的黑格爾曾寫信告訴謝林說:「圖賓根神學院境況如何？除非有一個像賴因霍爾德或費希特這樣的人物在那裡據有講座，否則事情不會發生實際的變

❷ 引自 R. 阿丹遜的《費希特生平及其哲學》，第46頁。

化」❸。而在圖賓根神學院的謝林在1795年寫給黑格爾的信中熱情地寫道:「費希特把哲學提到一個高峰，直到現在的康德主義者，大多數人在這個高峰之前頭暈目眩。方才我收到了費希特本人的講義《知識學基礎》的開始部分，您將在《文匯報》的理論專刊上讀到它，但在書店裡還買不到，它還只是發給聽講人的講稿。過去我讀書並且發現，我的預見並沒有欺騙我。……如果我能成爲在眞理國度裡首先歡迎新英雄費希特的那些人中的一員，我是很幸福的。向偉大的人物致敬！他在完成著偉大的事業!順便說一句，您讀過了費希特的《向歐洲各國君主索回思想自由》嗎？如果你那裡沒有，您可向耶拿去找，那裡會有這篇文章的」❹。

從謝林的信中我們可以了解到費希特當時在耶拿的哲學講座獲得成功的原因。這種原因無疑是多方面的，但是首先應當歸功於他在政治鬥爭中所表現出來的那種進步的民主主義和人道主義的思想。對待法國大革命的態度是當時衡量一切階級進步和保守的試金石。費希特通過他那兩篇熱情歌頌法國革命和尖銳批判封建專制主義的戰鬥檄文的確給他贏來了不少熱情的崇拜者，人們都把他看作是保衛人權的最勇敢的戰士。德國上層階級的一些優秀人物和著名的詩人——例如克羅普斯托克、席勒、雅可比等人——也曾經爲法國國民議會和法國人民齊聲歡呼過，但是當法國革命發展到雅各賓派革命民主專政的時候，特別是當德國美因茨建立了共和政府的時候，他們卻由熱情歡呼轉變爲恐懼不滿，甚而咒罵革命，而費希特始終堅貞不渝地恪守法國革命的理想，始

❸ 《黑格爾書信百封》，上海人民出版社，1981年，第31頁。

❹ 引自《黑格爾書信百封》，第35頁。

終鍥而不舍地讚揚法國革命的自由和人權的精神，這就不能不使他在耶拿大學師生中獲很最高的威信。其次，另一個重要原因在於他的哲學的實踐傾向和對辯證法的自覺運用，而這一點正是他高於康德哲學的關鍵。費希特研究哲學有一個不變的目的，這就是，他的哲學不僅要用純粹形而上學的思辨達到眞理，而且要使哲學原理成爲實踐的行動指南，他在講課中經常這樣告誡他的聽衆：「你們不要期望從這些演講裡獲得一種系統的知識，學者現在缺乏的往往不是知識，而是行動。倒不如說，讓我們在這些課時像一個聯合得勝似一股紐帶的友人之社，相互激勵，對我們共同的職責產生出崇高而熾熱的感情」❺。費希特從一開始就緊緊抓住康德系統裡的實踐理性，試圖從實踐理性出發來最大限度地發揮人的主觀能動性，從而達到改造客觀世界的目的。他的辯證法不是靜止的機械的辯證法，而是積極的能動的辯證法，康德視爲謬誤邏輯的辯證法，在他手中成爲克服一切限制和阻礙的動力，從而他的哲學具有一種新的生命氣息和活的靈魂。因此，在康德主義的一切信徒中，唯有他表現了最高的天才，是康德哲學的眞正繼承者和偉大發展者。當時福爾貝格曾把費希特的哲學和賴因霍爾德的哲學作了一個精闢的比較：「的確，在費希特的哲學中有着與他的前驅者的哲學完全不同的精神，後者的精神是軟弱的、膽小的精神，他在那些諸如『在某種程度上』和『就什麼而言』的限制詞裡膽怯地暗示了深廣思想的最狹窄的意思——一種軟弱的枯竭的精神，他在經院哲學的詞彙外衣下隱藏了他的思想財富，他的哲學是沒有內容的形式，沒有血和肉的骨架，沒有

❺《費希特著作選集》，第1卷，第491-492頁。

生命的軀體，沒有實現的諾言。但是，費希特哲學的精神卻是傲慢的、大膽的精神，對於他來說，人類知識的領域，即使就它最廣大的領域來說，也仍是太狹窄了，在他所走的每一步上，他都開闢了一個新的途徑。他與語言作鬥爭，爲的是同它爭奪足以表示他的豐富思想的詞彙。他並不是率領我們，而只是抓住我們，催逼着我們前進。他的手指觸摸對象就會把它研成粉末。不過，特別使費希特哲學與賴因霍爾德哲學有完全不同的興趣的東西是，在所有他的研究中，只有一種動機、鬥爭和努力，即要解決理性最困難的問題。他的前驅者從未懷疑這些問題的存在，但對於它們的解決不置一言。費希特的哲學就是探究如何使我們眼睛看見眞理，因此它產生知識和信念，而賴因霍爾德的哲學只是揭示結果，至於這些結果的產生過程卻是隱蔽不見，我們可以相信，但我們不能知道」❻！正是這樣一種哲學精神，使得歌德和席勒對費希特表示了很高的贊賞和尊敬，認爲他的哲學精神完全與當時德國掀起的狂飆突進運動的浪漫主義精神合拍一致，這無疑是費希特哲學講座獲得巨大成功的最大魅力。除了上述這兩個根本的原因外，還有一個不可忽視的因素，就是費希特的演講才能。費希特幾乎是一個天生的演說家，在他的早期生活中，他就孜孜不倦地培養這種才能，他多次作過公開的或私人的演講，還曾打算開辦一個講演學校，培養講演人才。他教授哲學並不像純粹思辯家和哲學教授那樣專注於抽象概念和邏輯演繹，而是充滿生活氣息和熱情想像。他的性格是最高度的誠實，這種誠實不允許他矯揉造作，他的語言不是詞藻華麗，而是堅強有力，因此他的講演與當時康德的枯燥晦澀、令人困倦的講演，與當時賴因霍

❻ 斯密士:《費希特追憶》，1873年，英文版，第76-77頁。

爾德的空洞抽象、詞藻華麗的講演，形成了鮮明的對比，獲得了年青聽眾的熱烈鼓掌和熱情喝采。

耶拿大學講座獲得成功，也使費希特對自己家庭的安排作了重新的考慮。在他1794年離開蘇黎世到耶拿時，爲了謹愼起見，他沒有讓他的妻子隨同來耶拿，現在他的事業已成功了，所以他寫信給他妻子，希望她把家搬來。拉恩小姐當然也非常樂意和丈夫在一起，不過她不能讓她可憐的老父親孤身留在蘇黎世，所以這位仁慈而善良的老人也不辭旅途的勞累，跟隨女兒離開了故鄉，來耶拿定居。很不幸的是耶拿氣候並不適宜於這位年老體弱的老人的健康，老人終於在1795年9月去世，這無疑給費希特全家人帶來很大的悲痛。不過，不到一年，費希特家裡增添了一位新人，他的唯一的兒子降生了，兒子取名爲「伊曼努爾・赫爾曼」，前名顯然是康德的名字，以表示對康德的崇敬，而後名乃是拉恩老人的名字，以悼念這位不幸去世的仁慈岳父。

在耶拿，費希特的學術交往是相當寬泛的。首先他和尼德海默爾（Niethammer, F. I. 1766-1848）創辦了一個《哲學雜誌》，試圖以這個雜誌作爲他的知識學的宣傳陣地。他曾經給康德寫了一封信，希望「這位使本世紀後半葉在人類精神的進程中和在將來所有的時代中留下不可磨滅的人」能給他們的《哲學雜誌》撰稿，以增加該雜誌的份量。康德似乎對這個雜誌興趣不大，他的文章大都給了《柏林月報》。不過卽使這樣，費希特還是通過《哲學雜誌》給他贏來了不少熱情的崇拜者和支持者，其中最有名的是賴因霍爾德。賴因霍爾德自從離開耶拿到基爾大學任教後，他和費希特保持了一種相當有趣的關係。雖然他們兩人的性格完全不同，而且從未見過面，然而由於共同有發揮康德哲學的信念而相互敬愛。在他們廣泛的通訊中，費希特堅強而有力的理智顯然給了賴因霍爾德缺乏自信、優柔寡斷的性格以很大的影響，反之，賴因霍爾德熱情而溫和的態度也給了費希特不顧一切、獨斷專行的作風以很大的抑制。最初他們在理論上是有很大分歧的，賴因霍爾德想以他那未名哲學來創立一個學派，但最後在費希特的批評下他感到自己是失敗了，1797年他終於拋棄了他自己的體系而接受了費希特的知識學，他說:「最後我才理解了您的《知識學》或者說（這對我來說是一樣的）——未名哲學。它現在在我看來是建立在自身基礎上的完善的整體——自我意識的理性的純概念——我們自身的領子。雖然它的個別部分我還理解不了，但是它們不影響我對整體的理解，而且這些部分也逐日減少」，最後還說，「我以最深邃的感激之情向您致敬」❼。

謝林這時也是費希特的一個年輕崇拜者。他遠在圖賓根，卻隨時注意費希特哲學的新動向，費希特每出一本新書或講稿，他都設法弄來精心閱讀。他此時似乎完全是一個費希特主義者，他在給黑格爾的信中說:「對斯賓諾莎來說，世界，也就是說與主體相對立的純全客體，是一切，而在我看來，自我就是一切。批判哲學和獨斷論哲學的根本區別，在我看來，就在於，前者從絕對自我，也就是還沒有被客體所制約的自我出發，後者從絕對客體或非我出發，從非我出發，歸根到底要引導到斯賓諾莎的體系，從自我出發。引導到康德的體系。」❽ 即使後來費希特在耶拿受到教會反動派的陷害時，謝林也對費希特深表同情，認爲那是「學院式的庸人」和「嫉妒的同事」暗中搗鬼。最後當費希特

❼ 斯密士:《費希特追憶》，第71-72頁。

❽ 引自《黑格爾書信百封》，第40-41頁。

因所謂無神論事件而被逐出耶拿時，他也願去柏林與費希特合辦一份論述書評的報紙，並組織一個廣泛的學者聯合會。

費希特本不認識歌德，以前專程去魏瑪拜訪歌德，也因歌德去意大利而未遇到，現在魏瑪離耶拿很近，所以他決心利用這個機會多和這位德高望重的大人物接識。看來，歌德也非常器重費希特，因他在耶拿的講座深受大學生歡迎。費希特曾經把他的《全部知識學的基礎》課堂講義送交歌德，並且寫信給他說：「只要反思性的抽象結果還未與感覺的最純粹的精神性相結合，那麼哲學就還沒有達到它的目的」❾。意思就是說，抽象的思辨應當與具體的感性相結合，哲學家應當與詩人、藝術家相聯合。說來也奇怪，歌德本不喜歡費希特那種無休止的向外擴張的精神氣質，可是在看過《全部知識學的基礎》的講義後，卻對費希特表示了由衷的敬意，他寫信給費希特說：「您送給我的著作中沒有一點是我不了解的，或者說，至少我相信我是了解的。沒有一點不是與我的思考事物的習慣方式相和諧的。我看到了希望，這希望是我從已經讀過的導論中得出來的。在我看來，您將授與人類一個無價之寶，使得每一個有思想的人成爲您的債務人。就我來說，如果您能使我與我不能不與之協調但我從未與之結合的哲學家相協調，我將對您表示我的最衷心的感謝。我熱切地渴望您能繼續把問題談得更加清楚明白，我希望您能有閑暇與我再談幾個問題」❿。

費希特和席勒的關係也很有趣，他們兩人都在耶拿大學任教，而且精神氣質也比較接近，因此他們兩人最初保持很好的友

❾ 《費希特書信選》，第88-98頁。

❿ 斯密士：《費希特追憶》，第85頁。

誼關係。當時席勒創辦了一個名爲《時序》的文藝理論雜誌，因此他請求費希特給這一雜誌撰稿，費希特寄去的第一篇文章是〈論喚起和提高對眞理的純粹興趣〉，深受席勒讚賞，爲此他又請費希特再撰寫一篇，誰知費希特在1795年6月寄去他的〈論哲學中的精神實質和咬文嚼字〉一文，卻被席勒認爲是對他自己的《論人類美感教育之信札》的譏諷，因而不予登載，並寫了一封用詞極其尖刻的信給費希特，費希特看後大爲氣憤，也隨卽寫了一封信給席勒，信中指出席勒對哲學的看法是錯誤的，哲學應當通俗化，應該概念和形象統一，如果像席勒自己的哲學著作那樣，光有抽象的概念，是讓人不能理解的，「人們買下您的哲學著作，對它發出讚嘆，對它感到驚訝，但是，據我所知，很少有人讀它，並且根本沒有人理解它。我在很多的公眾中從未聽到有人引用其中的觀點、其中的段落和其中的結論。每個人都盡其可能來讚揚它，但他或許在愼防這樣一個問題：這裡面究竟說了些什麼？」⓫ 不過，費希特雖然對席勒的哲學著作不滿意，但他對他的詩作和歷史著作卻表示了很高的評價，因此，雖然他們之間發生了這一場不愉快的爭執，卻並沒有使他們的友誼中斷，以後他們還繼續通信，互相保持信任。席勒一直到死，還認爲他是知識學的一名熱情的學生。

從1794年費希特到耶拿任教到1799年被迫離開耶拿這整整五年，是費希特哲學發展的黃金時代，他在這一時期寫就和發表了他的一些最重要的哲學著作：1.《論知識學或所謂哲學的概念》(1794)，這是他的哲學體系的導言；2.《全部知識學的基礎》

⓫ 《費希特書信選》，第132-133頁。

(1794)，這是費希特第一部系統闡述自己整個哲學體系的奠基著作，也是他最重要的一部代表作；3.《論學者的使命》(1794)，這是他在耶拿第一學期對全體學生公開講演的一部分講演稿，本來他並未準備出版，只是後來因有人對他的公開講演表示懷疑，爲辯護自己的立場而從中選出一部分加以發表；4.《從理論能力略論知識學的特徵》(1795)；5.《以知識學原理爲指導的自然法基礎》(1796)；6.《知識學兩篇導論》(1797)；7.《試對知識學的一個新闡述》(1797)；8.《以知識學原理爲指導的倫理學體系》(1798)，這些著作和那篇稍前發表的「評《埃奈西德穆》」(1794)就構成了費希特所謂耶拿時期哲學。

看來，我們需要在這裡對費希特精心構築的知識學的抽象體系作一番艱苦的漫遊。

費希特的知識學包括三個重要原理，即：

1.正題：「自我設定自我」——這就是說，「自我」自己確立自己，自己賦予自己以存在。費希特認爲這是一條絕對無條件的原理，而不是可依賴任何其他根據而加以證明的原理。這表明「自我」來源於自身，「自我」不是上帝創造的，也不是自然的產物。「自我」之所以設定「自我」，完全由於自己的能動性、實踐性，以及通過自己的行爲改造自身和創造世界的活動。

2.反題：「自我設定非我」——這就是說，「自我」確立不是「自我」的東西，即賦予「非我」或自然以存在。費希特認爲這是一條形式上絕對而內容上有條件的原理。按照費希特，光有「自我」，光有「活動」，而沒有活動的對象，沒有「非我」，「自我」是抽象的，活動是空虛的，因此第一條原理必須過渡到第二條原理，即「自我」設定自己的對立面,「自我」確立「非我」的存在。

3.合題:「自我設定非我於自我之內」——這就是說,「自我」在自身內把一個部分的「非我」和部分的「自我」對立起來，使「自我」和「非我」在相互對立中共同構成一個整體。費希特認爲這是一條內容上絕對而形式上有條件的原理。按照費希特，如果「自我」確立的「非我」是與它自身毫無關聯的，則「自我」仍無法實現自身,「自我」要實現自身,「自我」就應當與「非我」相互限制、相互否定、彼此相關。不過，這裡「部分的自我」、「部分的非我」是指「有限的自我」、「有限的非我」，因此費希特說「自我在自身內把一個部分的非我和部分的自我相對立」，是指有限的自我與有限的非我在絕對自我之內的矛盾，這種矛盾的統一卽實現「絕對自我」。能動性和實踐性完全在於絕對自我。費希特認爲這一條原理乃是上面兩條原理的綜合。

下面是費希特關於這三條原理的具體論證，費希特以之出發的命題是「A是A」。

命題「A是A」是任何人都承認的，它是無需任何根據而自身就明確無誤的。不過，我們並不因爲斷定「A是A」本身是明確無誤的就設定A存在，而是相反設定，「如果A存在，則A存在」，因而A是否存在，就根本不是問題。我們說「A是A」，這不是關於命題的內容的問題，而是關於命題的形式的問題，也就是說，我們只是斷定前面的「如果」和後面的「則」之間有一種必然的聯繫，而且這種必然聯繫是直截了當地和無需任何根據被設定起來的，我們把這種必然聯繫稱之爲X。顯然X是在自我之中，而且是由自我設定的，因爲是自我在上述命題中作判斷，而且自我是按照X這樣一條規律進行判斷。這樣，在X被設定了的情況下，A正如X一樣，也是被設定在自我之中，並且是由自我設定的，從而直截了當地被設定起來的X也可表述爲：自我＝自我，自我是自我。X既然是直截了當地設定起來的，所以命題「自我是自我」也是直截了當地被設定起來的。不過，「自我是自我」具有一種與命題「A是A」完全不同的意義，命題「A是A」只是斷定「如果A存在，則A存在」，因此它不能斷定A是否存在，反之，命題「自我是自我」不僅按其形式是有效的，而且按其內容也是有效的，在這裡，自我是不帶條件的，而是絕對地連同與自己等同的謂詞被設定的，因此命題「自我是自我」也可以說成是：自我存在。正如「A是A」是明確無誤的，命題「自我存在」也必定是明確無誤的，因此，解釋一切經驗意識的事實的根據就在於，在自我中的一切設定之前，自我本身就先已設定了。自我同時既是行動者（判斷者），又是行動的產物，既是活動著的東西，又是由活動製造出來的東西，因此「自我存在」乃是對一種本原行動（Tathandlung）的表述，也就是對這一本原行動的直接表述：我直截了當地存在，即是說，我直截了當地存在，因爲我存在；而且直截了當地是我之所是，兩者都是對自我而言的。——這樣，雖說我們是從命題「A是A」出發的，但這並不是因爲，彷彿命題「自我存在」可以從它那裡出發而得到證明，而是因爲，我們不得不從隨便一個什麼在經驗意識中確信其已被給予了的命題出發。因而，不是命題「A是A」充當命題「自我存在」的根據，而是相反，命題「自我存在」充當命題「A是A」的根據。如果從命題「自我存在」裡抽掉特定的內容，抽掉自我，而只剩下和那個內容一起被給予了的單純形式，那麼我們就得到作爲邏輯規則的命題「A是A」。如果我們再進一步抽掉一切判斷，即抽掉特定的行動，而只注視上述形式所顯示的人類精神的一般行動方式，則我們就有了實在性的範疇。凡可應用命題「A是A」的一切東西，只要這個命題對之適用，就有實在性。

經驗意識的事實是：非A不＝A。這樣，一種對設（Entgegensetzen）也就出現於自我的諸行動之間，成爲自我的行動之一。但是，原初被設定的無非只是自我，只有自我是直截了當地被設定的，因此只能直截了當地對自我進行對設，這種自我的對設就是非我，非我是與自我相反或對立的東西。正如命題「非A不＝A」是絕對確實的，同樣，相對於自我，直截了當地對設一個非我，也是絕對確實的。由於單純的反設或對設，非我應得到與自我所應得到的東西相反的東西、對立面。正如從實質命題「自我存在」中抽掉它的內容，會得到純粹形式的邏輯的命題「A＝A」，同樣，從「相對於自我，直截了當地對設一個非我」這一命題，通過抽掉它的內容也得到一個可稱之爲對設命題的邏輯命題「－A不＝A」。如果我們完全抽掉特定的判斷行動而單單注視從對設物到不存在這一推論形式，那麼我們就得到否定性範疇。

因爲非我也是在自我之中存在，所以自我和非我是在自我之中相互對立的，由此推出，它們是相互限制的。但是，限制乃是某物的實在性通過否定部分地被揚棄，因而自我和非我乃是部分地被設定。所以，表現自我和非我統一的第三原理顯示自身爲：自我在其自身中使部分的自我和部分的非我相對立。這樣產生了兩個命題。

⑴自我設定自身爲受非我限制或規定的，這是理論知識學的基礎；

⑵自我設定非我爲受自我規定的，這是實踐知識學的基礎。

與此相應的邏輯命題是根據命題；A部分地＝－A，和－A部分地＝A。每個對立的東西都在一個標誌＝X中與它的對立物等同，每個等同的東西都在一個標誌＝X中與它的等同物對立。這樣一個標誌＝X就叫做根據，在前一情況下就是關聯根據，在後一情況下就是區別根據。由第三原理產生了限制範疇（Kategorie der Limitation）。

在第三原理中存在一種相互對立的自我和非我之間的綜合（根據綜合），對於這種綜合的可能性，我們旣不能進一步追問，也不能給它提出任何根據。這種綜合直截了當地是可能的，我們無需任何進一步的根據就有權這樣做。這裡以一種最一般的最令人滿意的方式答覆了康德的問題，即先天綜合判斷如何可能？這是知識學裡絕對的綜合，而其餘的一切應有效准的綜合，都必定包括在這個絕對的綜合之內，它們都必定是同時旣在其中又與它同在的。從現在開始，人類精神體系裡出現的一切都可以從這裡進行推論，關鍵在於，我們必須在第一個綜合所結合起來的對立面中再一次尋找新的對立面，並通過一個新的、包含於剛才推演出來的那個關聯根據之中的關聯根據，把這一對新的對立面再結合起來，我們必須盡可能地這樣繼續做下去，直到最後我們遇到再也不能完全聯合起來的對立面，於是我們就過渡到實踐部分的領域裡去。—— 由於費希特由這三個原理按內容和形式演繹出全部理論意識和倫理行爲規範，所以他認爲自己在康德批判裡增添了純粹理性體系。

按照費希特的觀點，眞正稱之爲批判哲學的知識學，其最本質的東西就在於，它建立了一個絕對無條件的和不能由任何更高的東西規定的絕對自我。反之，一切獨斷的哲學是這樣的哲學，它在一個據說是更高的物（實體）的概念中設定某種東西與自在的自我旣相同又對立，而同時又完全武斷地提出物的概念是絕對最高的概念。在批判的體系裡，物是在自我之中設定起來的東西，而在獨斷的體系裡，物是自我在其中被設定起來的那種東西，因此，批判主義是內在的，因爲它把一切都置於自我之內，反之，獨斷主義是超驗的，因爲它還要超出自我之外去。我們應該對獨斷主義提出這一問題，旣然它對於自我曾追問一個更高的根據，爲什麼它竟承認它的自在之物無須更高的根據呢？旣然自我不是絕對的，爲什麼物就算得是絕對的呢？從而我們有權要求它按照它自已的不得無根據地承認任何東西的原理再給自在之物的概念提出一個更高的種概念，再給這個更高的種概念提出一個更加高的種概念，這樣以致無窮。因此，一種貫徹始終的獨斷主義，要麼就否認我們的知識有一個根據，否認人的精神是一個體系，要麼就自相矛盾。

費希特的絕對自我是完全不同於現實意識的自我，後者是一種特殊的分離的自我，它是許多人之中的一個人。儘管知識學把它的推導一直繼續到這種個人性的意識，但知識學從之出發的自我乃是意識主體和被意識對象的同一，我們必須通過抽掉一切個性中其餘東西才能提升自身到這種絕對自我。絕對自我是我性(Ichheit)，即一切事物皆共同的理性，這種理性是一切思想的基礎。誰不能脫離現實的意識及其事實，知識學對他來說就失去了一切魅力。這個自我不是個體，它是通過知性直觀（intellektuelle Anschauung）產生的，知性直觀乃是對我行動以及我行動什麼的直接意識。它是哲學家有感覺的對自身正在行動的直觀，這不是一種對存在的直觀，而是對行動的直觀，也就是一種完全不同於康德所講的知性直觀的東西。我們存在有這樣一種知性直觀能力，這是不能通過概念證明的，每個人必須在自身中直接發現它，或者說，他將永不會認識它。

我們要區分作爲觀念的自我（das Ich als Idee）與知性直觀的自我（das Ich der intellektuellen Anschauung）。在知性直觀的自我裡只存在我性的形式，通過我們把握這種形式，我們讓自己提升到哲學，在這種形式裡，它只是爲哲學家。作爲觀念的自我是爲自我本身，哲學家觀察、處理這種自我。它並不作爲哲學家自己的東西而呈現，而是作爲自然的、完全受過教養的人的觀念而呈現。作爲觀念的自我是理性存在物（Vernunftswesen），因爲它一方面在自身中完全呈現普遍理性，另一方面又詳盡現實化在自身之外的世界之中。觀念的自我與直觀的自我有共同之處，這在於在這兩者中自我都未被設想爲個體。直觀的自我之所以不被設想爲個體，因爲我性並不規定到個性，它只能規定到理性、精神性，理性是與個人相對立的。觀念的自我之所以不被設想爲個體，因爲通過教育，個性被消失了。由於觀念的自我，理性結束在它的實踐部分裡，因爲它呈現了我們理性追求的目的，不過它將永不會成爲現實的，它也不能被設想爲觀念。

自我與非我都是由自我並且在自我之中設定的彼此相互限制的東西。這個命題包括下面兩個命題：1.自我設定自己爲受非我限制的東西，這是理論知識學的基礎；2.自我設定非我爲受自我限制的東西，這是實踐知識學的基礎。

爲了獲得理論知識的基礎並進行演繹，我們必須在「自我設定自己爲受非我限制的東西」這一命題中找出對立面，即⑴非我規定自我；⑵自我規定自身。這兩個對立命題將通過交互規定（Wechsel-bestimmuny）達到統一和消融。由於自我設定實在性於非我之中，所以它也設定了否定性於自身之中，反之亦然，由於它設定否定性於非我之中，所以它也設定實在性於自我之中，所以自我與非我是交互規定的。如果自我是被規定的，那麼它是被動，而且是被非我造成被動，這樣，非我被設定爲主動。所以我們得到因果性範疇。但是，我們必須提出前提：所有實在性現存於自我之中，並且就自我包括一切實在性的完全確定的範圍而言，自我是實體（Substanz）。通過自我揚棄自身中的實在性並把這種被揚棄的實在性設定在非我之中，我們想像了我們之外的物。如果外物的作用被假定在正在想像的主體上，那麼這就是說，我們把作爲非我的物與我們的自我相對立，這樣，我們的自我就被限制。但實際上我們只是行動的東西，而不是物。我們通過或者在想像中把自我設想爲主動的或被動的，或者把活動設想爲從自我或非我出發的，從而就產生了唯心論和實在論。所以，在眞正的哲學知識體系裡，這兩種世界觀乃是統一的，因爲這兩者都是被限制的。自我得以限制自身和進行想像的活動，乃是想像力，在想像中，自我搖擺於兩個對立的方向，或向自我或向非我，想像把自我的主動和被動帶到意識。

首先，通過這種過程產生了感覺（Empfindung），感覺並不設定什麼外在東西，而是自我在自身中感到受某種陌生東西的限制。在感覺上繼續出現的是直觀（Anschauung），在直觀中設定了某種外在於我們的東西，即被直觀物。直觀作爲直觀應該被固定下來，以便它能夠被當成同一個東西來理解。但是，直觀自身根本不是什麼固定的東西，而是想像力在兩個相反的方向之間的一種擺動。要使直觀固定下來，必須有一種從事這種固定的能力，但這種能力既不是從事規定的理性，也不是從事創造的想像力，而是介於理性和想像力之間的一種中間能力，這種能力就是知性（Verstand)。知性之爲知性，只是因爲有某種東西在它那裡被固定下來，知性可以說是理性固定下來的想像力，或者說是由想像力配備了客體的那種理性。因爲空間和時間是直觀的規則，所以範疇就是知性固定的規則。因爲知性固定對象，所以判斷力（Urteilskraft）就是對已經在知性中設定的對象進行反思。知性與判斷力必須相互規定，或者知性規定判斷力，或者判斷力規定知性。對自我完全主動性的直觀——由於這種直觀，我們可以看到，對於自我沒有什麼東西能是實在的——這就是理性認識（Vernunfterkenntnis)，即一切知識的基礎。這裡我們又返回到最初的出發點。任何理論哲學都超越不了自我的這種自身統一的相互作用。

實踐知識學的基本命題是，自我設定非我爲受自我所規定的東西。自我按本性是絕對的、自由的，它具有無限的活動性，或者說，它在無限中進行追求。但這種追求不能達到它的目的，也不能造成結果。爲了達到目的和造成結果，自我必須設定對立的追求，從而產生阻力或非我，這樣世界就被設定了，不過這世界只存在於自我之中並爲自我而存在。於是就出現了自我面對世界的自由和自我受世界的束縛之間的相互關係。這樣作爲知識學的實踐部分最主要的概念即努力產生了。自我有一種努力，這種努力只有受到對抗，只有不能具有因果性，它才是一種努力，因此只要努力存在，那它也就同時是以一個非我為條件的，並由一個非我所產生的。這樣一來，非我之所以可能對自我產生影響的根據找到了，卽自我要確立自身，就必須設定非我作爲自身努力的對象，自我的現實存在需要一種來自非我的阻力，知識學是屬於實在論的。作爲「絕對應當」的義務（pflicht）概念必須把自我、非我、世界認作爲無，並與之鬥爭。道德的世界秩序從永恆就被關切著，無限成功的是應當存在的東西，這就是說，理性＝自我將超越非理性的非我而取得勝利，自然本身作爲非理性之物將最後被理性或自我所超越。費希特在其實踐知識學裡得出的重要推論是理論對實踐的從屬關係：一切理論性的規律都以實踐性的規律爲根據，而且由於只能有一個實踐性規律，所以一切理論性規律都以同一個實踐規律爲根據。

這種令人厭煩的極其抽象的哲學體系的精神實質是什麼呢？知識學的靈魂是什麼呢？

德國浪漫主義著名作家施雷格爾（Schlegel. F., 1772-1829）曾經說過：「法國革命、費希特的《知識學》和歌德的《威廉・邁斯特》標誌著我們時代的最偉大的傾向。誰不認爲還未公開表現爲物質形式的革命十分重要，他便是沒有提升到全人類歷史的廣濶眼界」⑫。這種把費希特的知識學同法國革命和歌德的代表作相提並論的看法是否完全正確，我們這裡不需要加以評論，但是施雷格爾的評論中有一點是可以肯定的，卽費希特的知識學，正如法國革命和歌德的代表作一樣，是代表了他們那個時代的最偉大的傾向，正是因爲它作爲時代最偉大傾向的代表，因而費希

⑫ 引自《古典文藝理論譯叢》，第2册，第53頁。

特的知識學在當時德國哲學界佔據了最顯赫的地位，費希特本人也因他的知識學佔據了從康德開始到黑格爾爲止的德國古典哲學的第二把交椅。如果說在此之前德國哲學的中心還是在哥尼斯堡，那麼至少在1794年以後幾年間，這個中心已從哥尼斯堡轉到了耶拿。

施雷格爾的話使我們注意到費希特的知識學和法國革命具有一種本質上的共同點，即代表一種偉大的時代精神，因此我們有必要探討一下費希特的知識學和法國革命的關係，也就是如施雷格爾所說的，要從「全人類歷史的廣濶眼界」上來考察一下知識學體系中某種更深刻的東西。

法國革命，如果從抽象的哲學高度來理解，那是一場人類對自己力量的檢閱，也就是說，儘管與人類相對立的外在世界是那樣堅固和頑強，但人類終究可以用自己的力量通過自己的行動來改變外在的世界並決定自己的命運，所以法國革命可以說是打開枷鎖的自由的人類對自身力量和自身行動的無限性的檢閱。費希特在其《糾正公衆對於法國革命的評論》中曾激昂慷慨地寫道：「難道你們要用孩童的力量來衡量成人的力量嗎？難道你們認爲自由的人將來所能做到的，並不多於帶上枷鎖的人過去所能做的？難道你們是按照我們日常的力量來評判一個偉大的決斷給予我們的強力嗎？你們要用你們的經驗作什麼呢？這種經驗是否把我們當作有異於兒童、帶枷者和普通百姓的人呢？你們也算得上判斷人類能力的限度的合法的法官嗎？……你們這樣的人竟能判斷人能夠做什麼嗎？你們的力量竟是人類力量的尺度嗎？你們可曾聽到過創造神的金翅在振響——不是那爲鳴唱而激動的創造神，而是那爲行動而激動的創造神？你們可曾大聲疾呼過『我要你們的靈魂』？ 你們可曾不顧一切官能的誘惑，不顧一切艱難險阻，歷經長年累月的鬥爭而放下你們疾呼的結果，並且說一聲『結果就在這裡』？你們是否感到自己能夠當著專制暴君的面說，『你可以殺死我，但你改變不了我的決心』？如果你們不敢，就從這個地方退開吧，此地對你們來說是神聖的。人應當做什麼，他就能夠做什麼；如果他說『我不能做到』，那就是他不願做」⑬。

這種對於人完全能夠做他所應當做的事的意識在費希特的頭腦裡是非常強烈的，他認爲法國革命最最大的啓示就是這一點，而且最最有力地證明了這一點。在《論學者的使命》中，費希特特別以盧梭的「返回到自然狀態」這一對人類自身力量喪失信心的矛盾結論爲靶子，說明盧梭雖然看到了人類的苦難，雖然以無限憤懣的心情猛烈地抨擊自己的時代，但他卻沒有估計到人類自己就有挽救自己的力量，沒有看到人類自身可以通過自身的行動用自身的力量來改變舊時代和創造新時代，他認爲這是盧梭最大的悲劇。他寫道:「讓盧梭安息吧！人們將對他永誌不忘。他是有功勞的。許多人繼承了他所開創的事業，他在他們的心靈中燃起了烈火。但他在行動時幾乎沒有認識到自己的主動精神。他在行動時並沒有號召別人行動起來，並沒有估計到別人反對全部公害和道德敗壞的行動。在他的整個思想體系中都有這種不求發揮主動精神的缺點。他是一位感受到痛楚，但未同時親自對它們的影響作出積極抵抗的人物。他的慕戀者們被激情引入迷途，成爲有道德的人，但他們只是成爲這樣一種有道德的人，卻並沒有向我們清楚表明是怎樣成爲的。他把理性反對激情的鬥爭，把長期

---

⑬《費希特全集》，第6卷，第72-73頁。

緩慢地、千辛萬苦地取得的勝利 —— 我們所能看到的最有意思、最有教益的事情 —— 在我們眼前隱藏起來。他的學生們是自己成長起來的。他們的導師所做的事情，只不過是爲他們的發展排除障礙，在其它方面則聽任慈善的自然界支配。慈善的自然界必須永遠把他們置於自己的保護之下，因爲盧梭並沒有給他們提供同自然界作鬥爭和征服自然界的動力、熱情和堅定決心。在好人當中他們會是好人，但在惡人當中 —— 有哪個地方大多數人不是惡人呢？ —— 他們將忍受不堪言狀的痛苦。所以，盧梭是在寧靜中，而不是在鬥爭中概括描繪了理性，他用削弱感性去代替加強理性」⑭。

爲此費希特想從法國革命所提供的積極原理和盧梭所提供的消極悖論中作出呼籲人類大膽行動的號召：

> 「我著手作這方面的研究，是為了解決〔盧梭〕那個聲名狼藉的悖論，這個悖論恰好同我們的根本原理相對立。但是也不完全是為了這個目的。我也想以我們這個世紀一個最偉大的人物為例， 向你們表明你們不應當成為這樣的人。我想以他為例，向你們闡明一種對你們整個一生來說都很重要的學說。現在，你們從哲學研究中知道，人應當成為什麼樣的人，一般說來，你們同這樣的人還沒有任何親近的、緊密的、不可分離的關係。你們將會同他們有這種更親近的關係。你們本身越是高尚和優秀，你們遇到的經歷對於你們來說將越加痛苦。但是，你們切不可讓這種

⑭ 費希特：《論學者的使命》，第51頁。

痛苦制服了自己，而是你們要用行動去克服它。我寄希望於行動，行動也屬於使人類完善的計劃之列。站在那裡抱怨人類墮落，而不動手去減少它，那是女人的態度。不告訴人們應該怎樣變得更好，就進行懲罰和挖苦，那是不友好的態度。**行動**！**行動**！──**這就是我們的生存目的**。在我們比較完善的時候，對於別人不如我們那麼完善，難道我們應該表示憤怒嗎？不正是我們的這種較大的完善召喚著我們應當為別人的完善而工作嗎？展望那遼濶大地，正待我們開墾，該多麼讓我們高興！我們覺得自己渾身是力，任重道遠，該多麼讓我們高興」[15]！

費希特認爲這就是他的神聖天職，他全身心只有一個激情，一個希望，一個欲求，一個動力和一個決心，那就是用自己的著作去呼籲人類大膽行動，爲爭取自身的自由和幸福打倒舊世界，創造新世界。他要在人類的心靈裡召喚出一種向一切邪惡的舊勢力挑戰的大無畏精神，「面對威嚴的峭壁叢山和洶湧瀑布，眼觀猛烈翻騰的大海風雲，我昂首挺胸，無所畏懼，我說，我永生不死，我藐視你們的威力！來吧，你們都衝擊我來吧！你，大地，你，蒼天，任你們混成一團，放肆胡鬧！你們，自然界的暴力，任你們奔騰怒吼，瘋狂爭鬥，把物體──我稱之爲我的身體──的最後一粒太陽塵埃都徹底毀掉！但唯獨我的意志與其堅定的計劃一起會英勇地、冷靜地飄揚在宇宙廢墟之上，因爲我領受了我的使命，這使命比你們更加持久，它是永恒的，我和它一樣，也

[15] 費希特：《論學者的使命》，第52頁。

是永恒的」⑮。

費希特認爲這樣一種天職和使命對於他這個出生於德國的人來說，尤爲重要，因爲當時德國，「整個國家都是一堆腐朽的和正在解體的討厭的東西」，尤其更令人憤怒的，在這個國家生活的人卻對這堆討厭的垃圾毫無意識，或者即使意識了卻束手無策。請聽聽費希特在《論學者的使命》中描述的德國智人的狀況說：「本來應當成爲民族的教師和教養者的人們，怎樣淪爲甘願自己敗壞的奴隸，本來應當對自己的時代發出明智和嚴肅的聲音的人們，怎樣謹小愼微地聽命於最專斷的愚蠢和最專斷的惡行所發出的聲音。……才幹、藝術和知識聯合起來服務於一個倒霉的目的——迫使那種因尋求種種歡樂而被弄得精疲力盡的神經再享受一次更美妙的歡樂，或者服務於一個卑陋的目的——寬恕人類的敗壞，替人類的敗壞辯護，把這奉爲德行」⑰。費希特的內心充滿了憤慨和激動，他要喚醒人們的良知，尤其是德國人的良知，他要給痲木不仁的德國人身上注入一付徹心的清涼劑，讓他們意識到自己的力量，讓他們行動起來，衝破眼前的黑暗，去迎接未來的黎明。

正是帶著這樣一種火一般的行動渴望，費希特接觸了康德哲學，康德哲學立即把他內心尙未理論系統化的行動意識提升到哲學的最高度。正如他所說的，康德哲學把他「帶進了一個新天地」，使他從斯賓諾莎的獨斷論中甦醒過來，相信了人的意志自由。因此，我們不難看出，費希特即使在他開始步入哲學舞臺的時候，也不是從康德的一般觀點出發，而是以他自己的理解方式

⑯ 費希特：《論學者的使命》，第32頁。

⑰ 費希特：《論學者的使命》，第46頁。

從康德哲學中找尋自己的理論營養。正如費希特經常所說的，影響他最大的並不是康德的《純粹理性批判》，而是他的《實踐理性批判》，當時他給魏斯宏的信中就這樣說過：「我現在把自己整個地投入康德哲學，開始時出於必要，我給出一個小時研讀《純粹理性批判》，自從我知道了《實踐理性批判》，以後就出於眞正的興趣」⑱。因此，儘管費希特是那樣熱衷於康德哲學，以闡述和發揮康德哲學爲己任，儘管他的最早的哲學著作《試評一切天啓》就是試圖按照康德思想來闡述康德自己尚未公開發表的宗教思想，它的內容和形式是那樣類似於康德的著作，以致當時被人們誤解爲是康德自己的著作，儘管繼後他的那兩篇讚揚法國革命的政治論文，論證的結構和邏輯的步驟都是依據康德系統的抽象形式，文辭也充滿了康德的術語，但是那些著作所表現的根本精神是完全不同於康德的。康德哲學裡眞正激動費希特心靈的並不是那受自在之物限制的消極的理論理性，而是那能超越認識界限直接去到先驗世界的積極的實踐理性。他對康德那種僵死的理論理性和實踐理性的二元論對立觀點非常反感，他要尋求理論理性和實踐理性的統一，他給自己擬定的前程就是以實踐理性爲基礎，系統發揮康德三個批判的統一原則。

因此我們可以說，費希特的哲學生涯雖然是從康德哲學開始的，但是他的經過法國革命的行動意志洗禮的知識學體系，與其說是以康德哲學爲出發點，還不如說是以對康德主義的批判爲出發點。

正如我們上章所說，費希特在來耶拿大學之前就曾經對自己

---

⑱　《費希特書信選》，第50頁。

的哲學觀點作了自我反省，中心是對作爲他哲學生涯起點的康德批判哲學以及當時瀰漫德國思想界的軟弱的康德主義進行批判考察。他在一封1793年年底致他朋友的信中這樣寫道：「上面我談了批判哲學的現狀，老實說——這話只是在您和我之間談談——對這個現狀我是很不滿意的。我出自內心地堅信，康德只是指點了眞理，但他既沒有闡述它，也沒有證明它。這位奇特的超群之人或者只具有對眞理的預言能力，而不了解其原因本身；或者他低估了他的時代，認爲沒有必要將眞理告訴這個時代；或者他害怕在他的生活中受到超人的崇敬，然而這種崇敬或遲或早總會賦予他的。還沒有人能理解他，以爲自己最理解他的人，其實最不理解他。一個人如果不是通過自己的方式得出康德的結論，那麼他就永遠不會理解他」⑲，接下去，他還說，「只有一個人類精神的原始事實，這個事實確立了一般哲學以及它的兩個分支：理論哲學和實踐哲學。康德肯定知道這個原始事實，但他從未談到過它，誰能發現這個事實，誰就可以將哲學作爲科學闡述」⑳。

這一人類精神的原始事實就是人類主體的本原行動（Tathandlung），或者簡言之，卽人的主體性（Subjektivität）。費希特在《全部知識學的基礎》一開始就指出：「我們必須找出人類一切知識的絕對第一的、無條件的原理。如果它眞是絕對第一的原理，它就是不可證明的，或者說是不可規定的。它應該表明這樣一種本原行動，這種本原行動不是，也不可能是我們意識的諸經驗規定之一，而毋寧是一切意識的基礎，是一切意識所唯一

⑲ 《費希特書信選》，第85-86頁。
⑳ 《費希特書信選》，第87頁。

賴以成爲可能的那種東西」[21]。這種人類精神的本原行動被費希特說成是絕對自我的本原行動，在他看來，唯有「絕對自我」——當然不是我們經驗的小我——這個術語才能充分表達人類自身的這種主體本原行動，因而他的哲學就是試圖從這一人類精神的原始事實出發把意識的整個內容一貫地、科學地發展出來，或者像人們所說的那樣，構造整個世界。

費希特曾經斷言，一個哲學家，如果是徹底的話，只有兩種選擇的可能性：他或者從客體出發，認爲客體不依賴於主體，這就是獨斷論的體系或實在論；他或者從主體出發，從主體引出客體，這就是批判的體系或唯心論。他說：「批判的哲學的本質，就在於它建立了一個絕對無條件的和不能由任何更高的東西規定的絕對自我，而如果這種哲學從這條原理出，始終如一地進行推論，那它就成爲知識學了。相反，獨斷的哲學是這樣的哲學，它在一個據說是更高的物（實體）的概念中設定某種東西與自在的我既相同又對立，而同時又完全武斷地提出物的概念是絕對最高的概念」[22]。費希特認爲，這兩個體系是絕對對立的和不可調和的，如果把這兩個體系混爲一體，則必然陷於不可克服的矛盾之中。在他看來，康德哲學之所以不徹底，就在於他承認有不依賴於自我的「自在之物」，這是把實在論塞入了批判哲學體系中。按照費希特的觀點，作爲一個徹底的批判哲學體系，即他的知識學，只能有一個出發點即絕對自我，絕不能在承認絕對自我爲出發點的同時，又承認不依賴自我的非我或物自身也是一個出發

---

[21] 費希特：《全部知識學的基礎》，見《費希特著作選集》，第1卷，第500頁。

[22] 《費希特著作選集》，第1卷，第532頁。

點。費希特認爲康德的物自身實際上是一個「純粹的虛構」，是完全沒有實在性的，他對那些用唯物論來解釋康德的人大聲喊道：「在你們看來，地在象上，象也在地上。你們的自在之物實際上是一種純粹思想，卻被假定爲作用於自我」㉓。因此他對雅可比自豪地寫道：「我是一個比康德還要頑固的先驗唯心論者，因爲在康德那裡還承認經驗的雜多性，儘管只有上帝才知道這雜多性是怎樣的，以及從何而來，而我則用直率的言辭斷言，甚至經驗的雜多性也是由我們通過創造能力而產生出來的」㉔。

知識學就是這樣一種積極的和能動的知識體系，絕對自我作爲它的出發點，正是召喚這種積極性和能動性。人之所以受奴役、被束縛，只是因爲人成了經驗的自我，而未意識到自己就是絕對自我，經驗的自我只看到周圍的事物對自己的奴役，排斥自己的自由，毀滅自己的個性，從而使自己成爲自然界的可憐產物，反之，當人意識到自己是絕對的自我時，它就會感到這一切來自自然界的威脅都是虛假的，唯獨它自己才是自然界的創造者，它敢於向這種外在的力量挑戰。費希特寫道：「一切實在性的來源都是自我，因爲自我是直截了當地絕對地被設定起來的東西。但是，自我是存在著的，因爲它設定自身；它設定自身，因爲它是存在著的。因此，設定自身與存在乃是一個東西。但設定自身的概念與活動的概念一般地說又是同一回事。於是，一切實在性是活動的；一切活動的東西是實在性。活動是積極的（與單純相對的實在性對立的）實在性」㉕。

㉓ 《費希特全集》，德文版，第1卷，第433頁。

㉔ 《費希特書信選》，第142頁。

㉕ 《費希特著作選集》，第1卷，第547頁。

至此我們可以說，知識學的眞正靈魂已經揭示出來了，那就是以一種對現存一切實行變革的火一般的行動渴望去改造和發展康德哲學的觀念，也就是用法國革命所喚醒的對人類主體性的行動意志去消除康德哲學中那些有礙或限制人類主體性行動的外在枷鎖。費希特說，正如法國民族已經通過革命使人們掙脫了外在的鎖鏈一樣，他的知識學也要把人們從康德的「自在之物」的桎梏中解放出來，以使獲得自由的人們對現存的一切進行大膽的行動。費希特在致巴格森的信中明確寫道：「我的體系是第一個自由的體系。正如法國民族使人掙脫了外來的枷鎖一樣，我的體系使人掙脫了自在之物和外在影響的鐐銬，並且在它的第一原則中宣布人是獨立的生物。在那個民族借助於外在的力量爭取政治自由的那些年月裡，我的體系通過與我自己、與所有根深蒂固的成見的鬥爭而產生。我並非沒有得到他們的幫助。他們的情緒提高了我的基調，並且使我的精力得以發揮，我正是借助於這種精力來把握這個體系的」[26]。因此他認爲他的體系從本質上說，「已經是屬於這個民族的」[27]。他甚至還願意不用德文，而用通用語或拉丁文（因爲他的法語還不能勝任）來撰寫他的著作，以使他的著作眞正爲這個民族所有。

這就是費希特的知識學的眞正精神。在他的知識學中，人對自己的獨立性、自由性和主體性的認識被設定爲最高的原則，以此來表現他那頑強的不屈不撓的對現存一切敗壞的東西實行變革的火一般的行動渴望。費希特的知識學就是鼓吹和呼籲這種行動渴望。他說：「在我心裡只有一個向往絕對的、獨立的自我活動

---

[26] 《費希特書信選》，第112-113頁。

[27] 同上書，第113頁。

的意向。再沒有比單純受他物擺佈、爲他物效勞，由他物支配的生活更使我難以忍受的了。我要成爲某種爲我自己，由我自主的東西。只要我知覺我自己，我就感覺到這一意向，這意向與我的自我意識不可分離地聯結在一起」[28]。

「『不僅要認識，而且要按照認識而行動，這就是你的使命。』我一全神貫注片刻，注意我自己，這聲音便在我靈魂深處强烈迴響起來。『你在這裡生存，不是為了對你自己作無聊的冥想，或為了對虔誠感作深刻的思考——不，你在這裡生存，是為了行動，你的行動，也只有你的行動，才決定你的價值』。這聲音引導我超出表象，超出單純的知識，走向在知識之外存在的、與知識完全對立的某種東西，這種東西比一切知識都更加偉大和崇高，並包含著知識本身的最終目的」[29]。

知識學就是行動的宣言書和呼籲書。眞正的哲學不是光談抽象認識，而是要召喚和呼籲行動。費希特認爲，這就是他的哲學的根本要點，誰掌握了他的哲學的這一要點，誰的心靈裡就立即會閃現火花，他在1795年7月2日寫給賴因霍爾德的信中寫道：「我想告訴人們的是一些旣不能言傳、又不能意會，而只能被直觀的東西。我所說的，無非是引導讀者，使他具有一種直觀的渴望。誰想研究我的著作，那麼我勸告他，放開那些詞句，只需去找尋他在何處加入我的直觀行列，即使他還不完全理解已讀過的

[28] 費希特：《人的使命》，第79頁。
[29] 費希特：《人的使命》，第78-79頁。

部分，也要繼續讀下去，直到一顆火花終於閃現出來。這個火花，如果它是完整的，它會一下子把他帶入我的直觀行列，帶到一個著眼點上，從這個著眼點可以看到全體。例如，我的體系的靈魂是這樣一個定理：自我直接設定它自己。如果沒有自我對自身的內在直觀，那麼這個定理就沒有任何意義，沒有任何價值。我在討論中常常發展人們的這種直觀，他們起初根本不理解我，然後完全理解了。我這樣說，一個自我，以及與它相對立的非我要先於所有的情感作用，而後者只有借助於前者才得以可能。為什麼自我是我，而物不是我，原因根本不在於此，而在於這種對立的發生是絕對的（經驗不能告訴我們：我們應當將什麼視為我們的，不應當將什麼視為我們的。同樣，也不存在一條可以用來確定它們的先天的原則。這種區分是絕對的，只有通過這種區分，所有先天的原則以及所有的經驗才是可能的。）兩者通過較量，通過相互限制、規定、制約，聯合在一起，這種聯合的發生同樣是絕對的。任何哲學都不會超越這些定理，但全部哲學，即是說，人類精神的整個方法都是從這些定理中發展而來的。須注意，那種原始的設定、對立和區分不是思維，不是直觀，不是知覺，不是欲求，不是感覺等等，而是人類精神的全部行動，這種行動沒有名稱，永遠不會在意識中出現，它是不可理解的。——我的哲學的入口始終是絕對不可理解的。這使得我的哲學很費解，因為它只能用想像力去把握，而不能用理智把握。但這正保證了它的正確性。任何可理解的東西都以一個更高的領域為前提，它在這個領域中被理解，所以，正因為它可以理解，它才不是最高的」[30]。

---

[30] 《費希特書信選》，第137-138頁。

這是一種不帶有任何前提，但又具有唯一前提的哲學，不帶有任何前提，指任何理論的前提，具有唯一前提，則指人的使命感，因而任何試圖通過理論和知識來理解它的人，將根本不會理解它，反之，唯獨憑藉人的使命感，卻又可完全理解它。1797年費希特再次告訴賴因霍爾德:「在知識學中，人對他們的自由（自我性和獨立性）的認識被設定爲每個眞正的人都自然具有的，誰不具有這一認識，誰就無可救藥了。這作爲唯一可能的科學立足點當然只有通過知識學才能得到論證。我不苛求任何人在知識學之前就承認這一點，而只要求人們暫時把它看作問題所在，並且去試一試，它將如何變化」㉛。

這樣我們就可理解費希特爲什麼要說什麼樣的人會選擇什麼樣的哲學了，他說:「人們將選擇哪一種哲學，這就要看他是哪一種人。因爲一個哲學體系不是一個人們可以隨意放棄或接受的死用具，反之，一個哲學體系因佔有這個哲學體系的人的精神而充滿生氣。一個天性萎縮的或是由於精神的奴役、博學的奢侈與虛榮弄得萎縮了和歪曲了的性格，將永遠不能把自己提高到觀念論的程度」㉜。

費希特的知識學就是這樣一種強大的精神力試金石，要麼接受它，以表明自己是一位富有神聖使命感的眞正的人，要麼就要大膽承認，自己乃是一個毫無使命感的天性萎縮的庸人。

㉛ 《費希特書信選》，第154頁。

㉜ 費希特:〈知識學導論第一篇〉，見《費希特全集》，柏林，1971年，第1卷，第434頁。

八、無神論風波

1794 年至 1799 年，費希特哲學在德國思想界佔了絕對的統治地位。在一群激進的青年哲學家看來，費希特哲學已遠遠超過了康德的批判哲學，他們認爲康德哲學最多只是新哲學體系的導言，而知識學才眞正爲新哲學體系制定了根本綱領。無怪乎當時謝林稱頌費希特是新英雄，說他「把哲學提到一個高峰，直到現在的康德主義者，大多數人在這個高峰之前頭暈目眩」❶。在謝林看來，康德雖然做出了結論，但是還沒有前提，而誰又能理解沒有前提的結論呢？現在費希特終於通過他的知識學把這種前提做出來，他寫道：「在我看來，全部哲學的最高原則就是純粹的、絕對的自我，也就是那個不但沒有完全被客體所限制、而且是通過自由而被樹立起來的自我，單純的自我。自由貫徹全部哲學的始終。」❷ 甚至像雅可比這位強烈反對任何理論證明的形而上學懷疑論者，對於費希特這個新哲學系統的魅力也不能無動於衷，他在寫給費希特的信中，深深表示他的思想與費希特的哲學完全一致。耶拿《文匯報》以前曾是康德派的機關報，現在也宣布完全贊同費希特了，並且邀請費希特擔任他們的編委。費希特哲學的影響也遠伸到當時的文學界，在初期浪漫派的文學作品裡，特別是在廸克、諾瓦利斯和施雷格爾的著作中，如果能找出一些哲

---

❶ 引自《黑格爾書信百封》，第35頁。

❷ 同上書，第41頁。

理的話，那無疑地會帶上費希特哲學的色彩。

歷史現象往往雷同，當費希特的哲學愈來愈佔有絕對的優勢，當費希特本人的名聲愈來愈響亮的時候，陷害、打擊也隨之跟來。費希特在耶拿的五年，雖然是他創建知識學體系的光輝五年，同時也是他不斷遭受陷害和打擊的痛苦五年。這些陷害和打擊主要來自敵視他的民主自由思想的封建衞道士和教會反動派，當然也有一部分來自忌妒的同事在暗中搗鬼。費希特在耶拿先後共經歷了四次嚴重的衝突，最後也是最嚴重的一次是所謂無神論事件，費希特終因這一事件而被逐出耶拿。

第一次衝突發生在1794年，這是由於他以前匿名發表的兩篇熱情歌頌法國革命和尖銳抨擊專制主義的政治論文所引起的。這時費希特剛到耶拿不久，政治界的反動派當聽說這兩篇論文是費希特寫的，立刻忿恨起來，他們絕不願像費希特這樣的政治危險人物在他們的耶拿大學上課，於是他們就造謠說，費希特是一個品行不端的雅各賓派，他在《論學者的使命》公開講座裡主張「在今後十年到二十年內可能任何地方都沒有國王或君主存在」，並且以此上訴到魏瑪宮廷，讓他們立刻下令把費希特這個反對王權的兇惡敵人從耶拿趕走。費希特得知這個消息後，大爲憤怒，因爲在他的《論學者的使命》公開講演裡，他從未講過這樣的話，爲此，他把本來並不準備公開發表的《論學者的使命》講稿整理出四篇送到魏瑪宮廷，並且在給樞密顧問歌德的信中說：「我下個星期六去魏瑪並且站在那些會對我說些什麼的人的面前，我想看看，他們是否有這樣的勇氣，把他們對別人說的有關我的話對著我再說一遍。我讓人最忠實地、逐字逐句地複製了我至今爲止所舉行的四個公開講座的講稿。有人正是說我在這些講座中說了那些愚蠢之詞，幸好我事先有所考慮，把它逐字逐句寫了下來並且是逐字逐句地照著讀的」❸。

費希特很清楚，反對派對他的造謠是因爲他的民主主義政治觀點， 特別是他以前那兩篇歌頌法國革命的文章中所表露的觀點。他們試圖逼迫他否認那兩篇論文是他寫的，要他在這裡講課中不能觸及任何政治，一句話，就是要他出賣他的政治原則，做一個循規蹈矩的耶穌教團成員。費希特堅決反對這種卑鄙的行爲，在給歌德的那封信裡他義正辭嚴地說道：「如果我以爲自已是完全與世隔絕的，那麼，當我因我的根本原則和把握這些原則的力量的緣故而畏懼什麼，並且因此而想從我自已的道路上退縮一步時，我便是人類中的最低下者。一個人既不畏死，塵世中又有什麼可懼怕的呢」❹？並且還堅決地說道：「我首先是一個人，然後才是學院的教師，我希望這種狀況能長期保持下去，我不想放棄人的義務，如果認爲我必須這樣做的話，那麼我將不得不放棄已收到的招聘」❺。費希特這時已作了最後準備，萬一魏瑪宮廷聽信了反動派的謠言，解了他的職，他就立即回蘇黎世去，好在他的妻子當時並未隨同他馬上來耶拿，他在蘇黎世還有一個安身之地。

魏瑪宮廷在接到了費希特的申辯和《論學者的使命》講稿後，立即進行了調查，一方面查無實據，在費希特這篇講稿裡並沒有那句否定國王存在的話，另一方面費希特的公開講演在耶拿是那樣深受人們歡迎，如果在處理這一問題上稍有差錯，會立即

---

❸ 《費希特書信選》，第92頁。
❹ 同上書，第91頁。
❺ 《費希特書信選》，第94頁。

引起人們對他們的憤慨，爲此他們讓歌德出面善意了卻此事。歌德在6月28日邀請費希特去魏瑪，說明魏瑪方面是支持他的，希望他仍安心在耶拿講課，並且安排費希特與魏瑪教育大臣福格特會面，共進晚餐，此事總算平靜了下來。

誰知費希特的敵人見此事不成，心不甘休，接著他們又找尋一樁新的事件來對付費希特。我們知道，費希特在耶拿大學的公開講演是對所有大學生和校外人士設置的，因此選擇一個爲所有這些人都能參加的時間是相當困難的，費希特想盡各種辦法都不能在一星期的六天中找出一個合適的時間作爲他公開講課的時間，因此他在1794至1795年的冬季學期裡，把他的公開講座時間放在每星期日上午9至10點鐘。這本來是一樁值得讚揚的事，因爲他犧牲了自己星期日的休息來爲聽眾講課，他也根本未想到這事有什麼嚴重的後果。誰知宗教方面的反動派卻認爲這又是他們攻擊費希特的好時機，他們大肆宣傳說，費希特漠視宗教禮儀，他本知道星期日上午是大家進教堂作禮拜的時間，卻在這個時間搞什麼公開講座，以阻止人們進教堂作禮拜，他們大叫什麼「安息日的醜行」，鼓動市民和教會圍攻費希特。耶拿的最高聖監理會還立即把此事匯報魏瑪當局，控告這是「公開反對國家禮拜的一個蓄意步驟」，望政府迅速採取措施，制止費希特公開演講。與此同時，本來就對費希特妒忌的耶拿大學同事也乘機煽動，企圖讓大學評議會作出制止費希特星期日講演的判決，一時間鬧得耶拿滿城風雨。

費希特面對這種情況，仍像他往日那樣，氣憤地向魏瑪當局提出申辯，只不過這一次他不是向歌德而是直接向魏瑪宮廷教育大臣福格特寫信，在信中他首先提出，我們學院有沒有針對教授的法律，也就是說，有沒有一條禁止教授在星期日舉行講座的法律，「如果確實沒有這樣的法律，那麼我請求在星期日之前公布一條法律，但這不是指僅對我一人有效的命令，而是指一個普遍有效的、公開發佈的命令，即一個君主的命令」。如果到星期日爲止，沒有這樣一個命令下達，那麼「毫無疑問我將繼續講演」，因爲「我與大學生訂有合同，我不願撕毀這個合同」❻，另外，在信中他還講到，眾所周知，耶拿的同仁教堂是在星期日上午十一點到十二點開放，他之所以選擇九點到十點講課，正是爲了不與這個公眾作禮拜的時間衝突，怎麼能說他阻止人們進教堂做禮拜呢？假如說星期日教授根本不能進行講座，那麼爲什麼巴徹教授卻有權利在星期日舉行物理學討論會？又爲什麼沒有人說他這樣做是犯罪呢？最後他直率地寫道：「對於這些人來說，事情並不在於眞正的宗教，也不在於想像的宗教。我的眞正的罪行在於大學生和聽眾受到我影響，他們對我懷有尊敬。但願我始終在最重大的節日進行講座，哪怕是面對著空蕩蕩的座位！這樣他們就會利用所有的藉口來阻止我。他們出於文人的忌妒甚至變成了保守的正統基督教徒」❼。

正義終於制服了邪惡。魏瑪宮廷看到了費希特這份理正辭嚴的申辯，感到沒有什麼理由能撤銷費希特的星期日講座，最後魏瑪公爵下達旨諭說：講演有益於教化，指責毫無根據，應毋庸議。於是費希特獲勝，於1795年2月3日重新開講，只不過爲了不影響聽眾上教堂做禮拜，時間改在每星期日下午三點至四點舉行。

---

❻《費希特書信選》，第98、99頁。
❼《費希特書信選》，第102頁。

第三次衝突是發生在他和大學生教團之間。當時耶拿大學生有三個秘密教團，這些教團各有自己的公私生活準則，目無別人，為所欲為，並且都有政府和宗教界的後臺。費希特早就感到這些教團有礙於學生的道德品質的提高，有礙學術自由，因此自告奮勇，做這些教團的工作。在費希特看來，過去學校當局對於這些教團只強調從肉體上進行打擊，即解除他們的學籍，這是不夠的，並不能根本解決教團的問題，他試圖從思想上著手，即採取攻心戰術。他首先找這些教團的代表談話，耐心啓發他們，然後又在公開講座裡反覆闡述什麼是眞正的學術自由，望學生們有所醒悟。這種辦法倒眞有效，三個教團在他的耐心教導下終於很快覺悟過來了，並派了代表來見費希特，表示願意解散教團，並請費希特主持他們的悔過宣誓，費希特認為此事最好是由學校方面出面，並答應在他們和學校當局兩方面之間進行調解。誰知此事傳到魏瑪公爵處，下令成立一個專門委員會來調查處理此事，這樣一來教團成員就害怕了起來，並對費希特產生了懷疑，一些別有用心的人乘機說他搞了兩面三刀，促使魏瑪當局來處置他們。

恰在這個時候，有一個名叫哈姆斯坦的人來到了耶拿，這人是一個極其兇惡又頑固不化的教團首領，他曾在哥廷根讀書，由於搞教團活動被開除學籍，他就去康斯坦丁，幫助那裡恢復和整頓教團，這時聽說耶拿大學的教團即將被解散，他就急忙來到耶拿，妄圖重建教團。他一來耶拿，使用各種威脅利誘的手段，先把那些曾經發誓不再與教團發生聯繫的人重新又組織在一起，然後使那些教團最野蠻分子變得比以往任何時候都更粗野，他的原則是不讓教團在任何他們所停留的一個學校中被滅絕，他們在哪裡衰弱，就向哪裡派遣救兵。由於他的醜行，耶拿大學勒令他退學，但他非但未收斂，反而更兇惡地在大街上任意咒罵一些安分守己的年青學生，試圖以此報復學校對他的處分。當然，他對費希特瓦解教團的工作更是懷恨在心，因此就乘魏瑪成立專門委員會一事煽動一些不明眞相的群眾夜晚包圍費希特的住宅，將窗子砸破，並在大街上公然對費希特夫人進行侮辱，還揚言要搗亂費希特的講演，致使費希特處境非常危險。

費希特不得已再向福格特寫了一封信，以說明當前學校的教團活動猖獗，以及自身安全無保證，希望魏瑪當局能批准他暫時離校，避居附近的奧斯曼數月。魏瑪公爵收到費希特的信件後，感到事態確實危急，也就同意了費希特的請求。這樣費希特大約在1795年夏天移住在奧斯曼城，在那裡寫就了他的《從理論能力略論知識學的特徵》和《以知識學原理爲指導的自然法基礎》第一部份，幾個月後才返回耶拿。關於此事，有次歌德很有風趣地說道:「這件事對費希特來說，是認識外界實在性的一個非常不愉快的機會」，也就是說，外界並不是像他的「自我」所想的那樣，要怎麼就怎麼。不過，我們也要替費希特說一下，雖然在這次衝突中費希特表面上受了挫折，但多數正直的學生是支持他的，而且自這件事後，耶拿大學的風氣有所改變，逐漸建立了眞正的學術自由空氣，這一點不能不與他有所關係。

如果說以上各種衝突對費希特來說尚未導致什麼嚴重的後果，那麼1798-1799年發生的所謂「無神論風波」卻使費希特陷入極其狼狽的處境，而且最後導致他被逐出耶拿大學，弄得無立腳之地。

事情的經過是這樣的:

大約在1798年春，原先那個在耶拿大學任講師、以後又在一所中學任校長的福爾貝格（F. K. Forberg 1770-1848），向費希特主編的《哲學雜誌》寄去了一篇題爲〈宗教觀念的發展〉的文章，文中認爲康德從道德和實踐上確立了宗教的基礎，把宗教理解爲一種理性信仰，其實宗教是實踐的，由善良的行爲所構成，根本不需要什麼信仰。信仰上帝既不能通過經驗，也不能通過思辨來論證，因此信仰這一概念歸根到底只是一種語言遊戲。費希特認爲這是一種「懷疑主義的無神論」，他不同意這種觀點，但他不願以編者的權威壓制不同的觀點而不讓其發表，爲此他想在這篇文章的前面加上一個短評，以表明他們編者的看法，但福爾貝格不同意這樣做，這樣，費希特就自己另寫了一篇文章〈論我們信仰上帝統治世界的根據〉，和福爾貝格的文章一起同時發表在1798年《哲學雜誌》第 8 期上，在這篇文章中費希特表示，宗教固然構成於道德行爲，但道德行爲和對於超驗的道德世界的信仰是同一回事，而道德世界的秩序和上帝又是同一回事，所以宗教就是信仰，他在文中寫道：「活生生的、作用著的道德秩序就是上帝，我們不需要任何其他的上帝，也不能理解任何其他的上帝。離開了那個道德秩序，不從這個有根有據得到論證的東西進行推論，假定還有一個特殊存在是這個有根有據得到論證的東西的原因，這在理性中是毫無根據的。原始的理性肯定不會這樣地做出這種推論，也不知道有這種特殊存在，只有那種誤解了自己本身的哲學才會做出這樣的推論」❽。可見他這種觀點完全不同於福爾貝格的懷疑論，而是一種多少有點斯賓諾莎主義的泛神

---

❽　引自海涅：《論德國宗教和哲學的歷史》，第130-131頁。

論。

誰知這期《哲學雜誌》出版後，費希特的敵人，特別是那些封建衞道士和教會反動派，不願區分福爾貝格的懷疑主義的無神論和費希特在此發表的泛神論，陰謀以此來誹謗中傷費希特，首先他們散發了一篇名叫〈一個父親就費希特和福爾貝格的無神論寫給他的上大學的兒子的信〉，這是一篇控告費希特以無神論毒害子女的文章，這篇文章沒有著者姓名，只簡單地署了一個大寫的「G」，而散發地點故意寫成是當時著名神學家阿・伽布勒(Gabler)居住的地方，企圖利用伽布勒的聲譽來加重打擊的分量。誰知伽布勒及時看到了這篇文章，對這種利用他的名聲的惡劣行爲表示不滿，公開在報上聲明這篇文章不是他寫的。這樣，這件事就鬧到了當時薩克森政府那裡去了，那裡的宗教狂熱分子早就對費希特不滿，因此乘機逼使薩克森政府沒收費希特主編的《哲學雜誌》，並且還向魏瑪宮廷對費希特提出法律控告，而德累斯頓的報上又加以擴大，致使費希特不得已在 1799 年 1 月寫了兩篇申辯：一篇叫做〈費希特向公眾的呼籲〉，另一篇叫做〈「哲學雜誌」出版者對無神論控告的法律答辯書〉，並於 3 月上呈魏瑪公爵和大學當局。在「呼籲書」裡他對被指控的文章裡的見解作了更詳盡的說明，並把哲學宗教和普通神學加以區別，而在「答辯書」裡大膽陳述了這次引起控告的眞正動機，以使人們認淸這次挑釁的眞正性質，而且他還要求當局對此事作出公正的裁決。魏瑪當局鑑於此事涉及學術理論，決定由耶拿大學評議會對費希特加以審查，費希特得知此消息後，立即於 3 月22日給魏瑪宮廷教育大臣福格特寫了一封公開信，聲明他既不願也不能受評議會的審查，並表示如果當局決定讓評議會審查他的言行，那麼他立即提出辭職，文辭是非常強硬的：

「已經存在著的與我的個人關係、即將產生的與大學的關係，以及更多的與薩克森選帝侯國的關係，很可能會導致這樣的決定，即：通過大學評議會對我下達粗暴的指令，以便薩克森選帝侯國得以滿意，並且人們可能會預料，對於我來說，這件事儘管與《李爾王之死》的作者拒絕修改一事相比不具有同樣程度的利害關係，我仍會恭順地接受這種處罰。尊敬的樞密顧問先生，我必須聲明，別指望我會這樣做。我不可以這樣做，我也不能夠這樣做。——我不可以這樣做，這是因為按照我最虔誠的信仰，我在這件事上所持的態度從一開始起到現在止，不僅是無可指責的，而且是值得讚美的。而對值得讚美的東西——無論它是別人所具有，還是我們所具有——進行譴責，這種做法是可鄙的，在這點上，我們有必要抗拒這種指責。——我也不能夠這樣做，這是因為我的敵人長期以來，並且在今天超過以往任何時候，把我逼進了這樣的一個處境，它使得最嚴格的無可指責性成為我生存的條件。朋友和敵人都期望我做到這點，並且苛求我做到這點。即使毫無損失，我也不能公開地忍受那樣卑鄙的事情，正如我不能做這些事情一樣。那個處罰的決定可能會很快在所有報紙上公佈出來，並且我的敵人在讀到這個決定時會極其幸災樂禍並報以冷笑。每個正直的人會感到，如果我在收到一個公開的法律處罰之處長期地屈服於那些認為有必要給我這種處罰的政府，那麼我就喪失了榮譽，並且為了為自己辯護，我只能把這個處罰的決定、辭職書以及我現在榮幸地寫給閣下的這封信全部公諸於世，除此之外，我別無他法」[9]。

按照費希特本來的想法，他這種自請辭職的強硬辦法可能會逼使魏瑪當局取消大學評議會審查的決定，他把自己的地位估計得太高，誰知弄巧成拙，魏瑪宮廷反認爲費希特這是在對宮廷要挾示威，正如當時樞密顧問歌德所說的，「如果我的兒子竟敢這樣對一個政府說話，我也要投反對票」。因此，爲了維護自己的尊嚴，同時爲了安撫薩克森政府，魏瑪宮廷終於在1799年3月29日接受了費希特的辭職聲明，免除了他在耶拿大學的教授職務。卽使後來幾百名學生兩次聯名請願，阻止免職，也不能把事態挽救過來。

這是費希特生涯中最引人注目的一件事。有人指責這是費希特個性過於急躁和固執的結果，如果費希特當時能體諒到魏瑪宮廷的心情，不採取公開答辯和自請辭職的手段，可能事情不至於會變得這樣糟糕。歌德曾經在他的回憶錄中這樣說過：「賴因霍爾德離開了耶拿，這對大學來說顯然是個很大的損失，後來大膽地、甚至是冒險地聘請了費希特代替賴因霍爾德。費希特在著作中以崇高的精神，但也許是並不完全恰當地論及了那些最重要的倫理問題和國家問題。他是人們至今看到的最優秀的人物之一，若從較高的觀點來看，他的思想是無可非議的，不過，他多麼應該和這個他認爲是他創造出來的財產的世界保持一致的步調啊！

[9] 《費希特書信選》，第172-173頁。

由於人們在工作日裡擠掉了他想用來進行公開講演的時間，於是他便舉辦了一些星期日講演。但這事一開始便遇到了種種障礙。由此產生的大大小小各種麻煩，儘管引起上級官廳的不滿，但總算都平息了，可是他的關於上帝以及屬神事物的言論——關於這種事當然最好是保持緘默——卻又從外面惹來了風波。關於上帝和屬神的事物，費希特在他的《哲學雜誌》上大膽地用了一種看來和傳統上關於這些神祕事物相矛盾的說法，發表了自己的見解。於是他受到了責難。他的辯解沒有改善當時的事態，因爲他激烈地進行辯解而沒有覺察，這裡的人們對他寄予怎樣的善意，人們對他的思想和言論會作出多麼善意的解釋，當然人們也不可能用直截了當的語言來使他認識到這一點，因而他同樣沒有覺察人們多麼想用最妥善的方法把他從窘境中拯救出來。大學裡，那些輕率的言論和反駁，推測和主張，支持和決議，在各種各樣不安的議論中互相衝突。人們談論著費希特應該想到的來自政府方面的譴責，那至少不會輕於一種申斥。於是，他簡直失去了冷靜，他認爲有權向政府遞呈一封言辭激烈的書信，在這封信裡他以那項處分作爲既定的前提，慷慨激昂地聲明，他絕不接受這種處分，他寧願立即離開大學。在這種情況下，這就不僅是他一個人的去留問題，因爲還有較多有名望的教師和他意見一致，他們也考慮著辭職。這封信把人們對他所抱的善意一下子都阻斷了，可說是癱瘓了，現在已經沒有任何出路，也沒有任何調停的餘地了，最溫和的辦法就是立即通知他辭職。當這件事發展到了無法挽回的地步之後，他才聽說人們心中本爲這事留有迴旋餘地，所以他也一定爲自己的急躁感到悔恨，正如我們爲他惋惜一樣」⑩。

---

⑩ 引自海涅：《論德國宗教和哲學的歷史》，第125-127頁。

歌德的話可能是道出了當時一些像他這樣的上層人物的內心想法，但是正如海涅所說的，這是「身爲政府官員、慣於息事寧人的歌德的活生生的寫照」⓫。實際上這場所謂「無神論風波」是有政治背景的。一個很明顯的例證，也正如費希特當時所清楚看到的，赫爾德當時所寫的《上帝，若干對話》(1787) 本是一部非常明顯的斯賓諾莎式的無神論著作，可是他爲什麼非但未受到指責，而且還擔任魏瑪公國的教區總監呢？難怪費希特在信中要向福格特抗議道：「爲什麼有人會控告一個根本沒有講授無神論哲學的教授，而不去控告這個公國的教區總監呢，他出版的論上帝的哲學論集看上去如此類似於無神論，就如同一個鷄蛋與另一個鷄蛋一樣相似，——爲什麼呢？我並不是隨意提出這個問題，這個問題如果我不提出，那麼以後別人也會提出的，而我，只要人們再對我多邁出一步，我肯定將提出這個問題」⓬。

因此，只要我們仔細地考慮一下這次逼使費希特離開耶拿的事件，我們就不會看不到，這裡實際的問題並不在於無神論，而在於費希特的民主自由思想。這一點費希特心中是非常明確的，正如他在自己的「答辯書」裡所說的：「這裡不需要任何推測和猜想，起因是清楚的，它是人盡皆知的，只是沒有人想說出事物的名字。一般來說，爲了保守祕密我也不願意做，特別是在這裡我不願意做。但因爲我爲這個控告搞得疲倦不堪，並且或者是爲我整個今後的生活得到安寧，或者是對此事大膽地尋根問底，我將一定要成爲說出這事的名字的人。在他們看來，我是一個民主派，一個雅各賓黨人，事情就是這樣。從這樣一個看法出發，人

⓫ 引自海涅：《論德國宗教和哲學的歷史》，第127頁。

⓬ 《費希特書信選》，第171-172頁。

們不加考慮地相信了一切罪行，對這種看法人們絕不考慮它的不公正性，如果他這一次不應得到他所遭遇的事，那麼他就應得到另一件事，無論如何，權利是在他們那裡。這本是一樁引起最小轟動的事件，但從政治上卻引起最普遍的控告，爲的是好捕捉他。對於他們，我就是這種人物，就是這種該懲罰的民主派和雅各賓黨人，因此不用說，我也憎恨他們，這是人盡皆知的事實。……並不需要回憶過去的事，因爲我很知道在目前有一封信寫給薩克森選帝侯國大臣，其中講到我們的所謂的無神論，正如講到這個民主派的一個新發現的準則。……他們要迫害的，並不是我的無神論，而是我的民主主義。前者只是一個導火線」⑬。

因此我們只能說，正是費希特的堅持自由反對專制的民主主義思想才使得耶拿的封建衞道士和教會反動派乘機造謠和反對費希特，同樣，也正是費希特的堅持自由反對專制的民主主義思想才使得魏瑪當局感到害怕，決定不再像以前那樣寬容他了，正好以費希特本人自請辭職的藉口，乘機把他攆出耶拿。

這件事使費希特得出一個結論，像他這樣一個在思想上傾向於民主派和雅各賓黨的人，要在德國這樣一個專制國家生存，是不可能的，特別是在英俄奧這些封建專制帝國聯合起來對外鎮壓法國革命，對內實行高壓政策的黑暗時代，任何有自由思想的人將不會找到棲身之地。他憂慮和厭煩，他當時的心情集中反映在1799年5月22日他給賴因霍爾德寫的一封信中:

「疲倦和厭惡迫使我決心在幾年的時間裡完全隱居起來，

⑬ 《費希特全集》，第5卷，第286-287頁。

我曾告訴過你我這個決心。按照當時我對這些事情的看法，我甚至堅信，我有義務下這樣的決心，因為，在目前這種騷動的情況下，人們無論如何也不會聽信我的話，我只會使這種騷動更加惡化，但過幾年，當最初的詫異平息下來時，我的話會更有分量。

但我現在另有考慮。我現在不能夠沉默，若我現在沉默，那麼以後就再也不會讓我說話了。——專制主義從現在起將絕望地維護自己，通過保羅和庇特（指俄國和英國——引者），它將變得更加徹底，它的計劃的中心在於根絕精神自由，而德國人不會阻撓它實現這個目的。這種局面自從俄國和奧地利聯盟以來，我就感到極有可能出現，現在通過最新發生的各種事件，尤其是自從可惡的暗殺公使事件以來（這裡的人們為這件事而歡呼，並且席勒和歌德呼籲說：做得對，必須打死這些走狗），我覺得這種局面的出現是確定無疑的了。（你不要相信，例如魏瑪宮廷以為我在那裡會影響大學的聽課人數，它十分清楚地知道，情況恰恰相反。由於一般的、尤其是薩克森選帝侯國所強迫採取的那個計劃的原因，宮廷將不得不解聘我。來比錫的布爾舍是這個秘密的知情者，他早在去年年底便認為我將在今年年底被驅逐，他為此還下了一筆可觀的賭注。福格特早已被布克斯道夫拉過去反對我了。德累斯頓科學事務局已公開宣布致力於新哲學的人將不會得到提升，如果已經提升，就不應當繼續下去。在來比錫的免費學校中人們甚至對羅森米勒的啓蒙思想都有所顧慮，那裡新近又採用了路德的教義問答，並且重新按照聖經給教師行堅信禮。

這種情況會繼續下去並且傳佈開來。我敢說，我們的保羅不會在這裡繼續呆下去了，為此我可以下任何數量的賭注)。

從人們目光所注視著的普魯士那裡，只能期律到不授課的保護。我從很可靠的來源得知，那裡的宮廷中的思想比世界上任何一處宮廷中的思想都要猜疑和陰沉，從一個各方面以尼古拉為代表的民族啓蒙運動那裡能指望什麼呢？除了對上帝中第三人的人格性和對魔鬼的存在的否認之外，他們什麼也不懂。

總之，對我來說，比最確定無疑的事還要確定無疑的是：如果法國人不取得巨大的優勢，並在德國的至少大部分國土上實行一次革命，那麼，幾年之後在德國，任何一個在他的生活中以其自由思想而著名的人都將找不到他的安身之處。因此，我認為，比最確定無疑的事還要確定無疑的是：卽使我現在在某處找到了一個小角落，在一年之後，至多兩年，又將會被趕走，而在許多地方遭到驅逐是危險的，歷史上盧梭的例子已有所教益，旣然我過些時候反正會被趕出來，我為什麼還要立刻到那些地方去呢？

假如我完全沉默，並且連無關緊要的事也不再寫，那麼在這種條件下人們會讓我安靜嗎？我不相信這點，假如我可以將這種希望寄託於宮廷，但教會界——卽使我向它請求——難道就不會煽動暴民反對我，讓他們向我投擲石塊嗎？並且現在他們不還是在請求各地政府把我當作一個引起騷亂的人加以驅逐嗎？但是，為此我應保持沉默嗎？不，我確實不應這樣做，因為我有理由相信，如果屬於德意志精神的某些東西尚能得到拯救，那麼唯一的可能就是通過我的演講而實現，而由於我的緘默，哲學只會過早完全沉淪下去。我不相信那些人會讓我沉默地生存下去，我更不相信他們會讓我說話。

但是，我會使他們相信我的學說的無害性嗎？他們會為他們對此學說的恐懼而感到羞愧嗎？——親愛的賴因霍爾德，你怎麼能把這些人想得如此善良呢！我愈是真誠，愈是顯得無罪，他們就愈凶惡，於是我的真正的過錯就會變得愈大。我從未相信過他們是在追究我的所謂無神論，他們追究我的是一個從一開始就表現明確的自由思想家（康德的幸運在於他那晦澀的文體）和一個聲名狼藉的民主主義者。他們像害怕魔鬼似的害怕獨立自主性，他們朦朧地猜測到我的哲學正在喚起這種精神」⓮。

在專制主義的德國，他現在去哪裡生存呢？魯道夫施塔特鎮？那裡要求的條件是沉默，而且魏瑪公爵已斷然拒絕了，那麼在勃蘭登堡或弗蘭肯地區？正如費希特所說的，那裡的教會界會讓暴民用石頭把他砸死，那麼在賴因霍爾德和雅可比所在的荷爾斯泰因地區？那裡俄國正在虎視眈眈，難道這塊屈服於沙皇的王笏的土地能容忍費希特這樣的人存在嗎？所以費希特堅信，「沒有一位君主的保護，我在德國的任何地方都不會安全」⓯，而他能得到德國一位君主的保護嗎？肯定不會，所以他認爲他唯一的出路只能是去法國——這個在精神原則上同他一致的國家。他寫道：

⓮ 《費希特書信選》，第186-189頁。

⓯ 《費希特書信選》，第191頁。

「很明顯，從現在起，只有法蘭西共和國才可能是正直的人的祖國，他只能把他的力量獻給它，因爲從現在起，不僅是人類最珍貴的希望，甚至人類的存在都與這個國家的勝利密切相關」⑯。

費希特曾經認識一個當時與法國保持盟友關係的美茵茨選帝侯的宮廷顧問弗蘭茨・威廉・容 (Jung, F. W. 1758-1833)，這人曾經請他到他們那裡的法蘭克福去任教，因此費希特給他寫了信，並請求威廉・容給他弄一張護照，他在信中寫道：「如果人們把我看作是一個崇敬政治自由和崇敬保證這個自由傳播的國家的人，那麼人們就應公正地對待我。我同樣堅信，就那些享有政治自由的人（他們和他們所有的同胞一樣，沒有天生的主人和奴隸）和那些喪失人類這部分高尚力量的人而言，我們應當更多地對前者發生影響。就這點而論，我最大的希望在於：把自己一生都貢獻給偉大的共和國未來公民的教育事業」⑰。

按照費希特當時的打算，他此時最好不直接在法國的一個城市逗留，而是在與法國保持盟友關係的萊茵河左岸地區隨便那一個城市，這樣不致於有人說他有叛國投敵的舉動，而且他的德意志民族的愛國主義意識也絕不允許他背叛自己的民族，正如他以前所說的，「如果這個民族（指法國民族——引者）想授予我法蘭西公民的稱號的話，我是不會接受的，我將生活在亞爾薩斯或者共和國的其它一個德意志州」⑱。

經過各方面的仔細斟酌，費希特初步選定了法蘭克福作爲他暫時的逗留之地。當時他擬定了一份在法蘭克福辦學的詳盡計

⑯ 同上書，第184頁。

⑰ 《費希特書信選》，第160頁。

⑱ 《費希特書信選》，第113-114頁。

劃。他建議威廉・容開辦兩種學校，即專業學校和通俗學校。專業學校是爲專業大學生開設的，而通俗學校是爲一般人開設的，他準備在專業學校講授知識學基礎，而在通俗學校講授知識學的應用，如權利學、倫理學。事情似乎就一切順利了。

可是不久，他發現奥地利的驃騎兵在法蘭克福和萊茵河之間流蕩，在那裡同樣不安全，他就迅速放棄了去法蘭克福的打算。正在這時有個名叫封・道姆（Dohm, Ch. K. W. 1751-1820）的普魯士大臣旅行到耶拿，當他聽到費希特僅因一篇所謂無神論的文章而被逐出耶拿大學時，深表憤慨，私下對人說，此事如在普魯士是絕不會發生的。費希特聽到這個消息後，立即寫封信給住在柏林的弗里德里希・施雷格爾，想徵求他的意見，施雷格爾在回信中說，最好費希特先悄悄來柏林，妥善地將他的案件奏知普魯士國王，然後看結果如何再定。在走投無路的情況下，費希特聽從了施雷格爾的主意，於1799年7月3日以外出旅遊恢復健康爲藉口，順利通過邊防檢查關卡，隻身來到了柏林。普魯士政府經過幾個月的考察之後，終於在10月下達了普魯士國王威廉二世的詔書:「如果費希特是一個循規蹈矩的公民，不搞什麼危險勾當，那麼可以准許他安心地在我的國家定居」。從此，費希特就進入他的生活的最後一個時期即柏林時期。

九、知識學在繼續發展

1799年霧月18日，波拿巴・拿破侖掠奪了法國革命的勝利果實，登上了皇帝的寶座，法國第三等級思想家們宣揚的理性王國變成了金錢專制統治，一場革命戰爭隨即變成了一場侵略戰爭。德國皇帝鑑於 1792 年發爾密戰役的慘敗，迅速以德意志帝國的名義放棄了萊茵河左岸地區，並容忍拿破侖的鐵蹄進踏到德國的南部、西部和北部的漢諾威地區，柏林名爲普魯士的首都，此時已陷入了墮落和沉淪的絕望之中。

費希特到了柏林，最初是和當時浪漫主義運動著名代表弗里德里希・施雷格爾住在一起，並由施雷格爾的介紹，認識了當時浪漫主義一些頭面人物，如封・斯坦爾夫人，多羅蒂亞・維蒂夫人，卡羅琳夫人，迪克和施萊爾馬赫，隨後謝林和弗里德里希・施雷格爾的哥哥奥古斯特・威廉・施雷格爾也加入他們的活動，從而他們在柏林很快形成了一個很有影響的文學哲學社交團體。

弗里德里希・施雷格爾是當時柏林浪漫派的精神領袖，他最初醉心於法國革命，反對封建專制政治，但不久就感到失望，轉向了天主教 。海涅曾經在他的《論浪漫派》一書裡描寫他道:「弗里德里希・施雷格爾思想精深，熟知過去時代的種種燦爛光輝，也深感到現時代的一切痛苦憂傷，但是他並不理解這些痛苦是極爲神聖的， 並且爲了使世界將來得救， 它們也是完全必要的。他看見夕陽西下，便滿腹哀愁地凝望著落日的去處，夜色四合，便悲嘆黑夜的昏暗，他沒有發現，一輪嶄新的旭日已在相反的方向噴薄而出，光芒四射。弗里德里希・施雷格爾曾經把歷史學家叫作『朝後看的先知』。這個稱呼用在他自己身上最恰當不過了。他憎惡現在，害怕未來，他那啓示一切的先知的眼光只投向他所心愛的過去」❶。施雷格爾這種消極的情緒很快適應了惶惶不安的柏林人的心理，他們不需要尼可萊那樣的理性主義，他們希望在施雷格爾所宣傳的福音中找到精神的痲醉。

費希特這時一方面寄人籬下，另一方面心情煩悶和厭倦，加之普魯士政府的嚴厲監視，他必須處處表現溫和和拘謹，絕不流露出任何不滿情緒，因而浪漫派的活動倒暫時可以給他提供一個避難所，同時也給了他一些精神的安慰。他最初在柏林的無聊生活我們可以從他給尚留在耶拿的妻子的一封信看出：「妳大概想知道我的生活怎樣，有許多理由我不能早起，其中最主要的在於我自己，因爲我咳嗽，我一般最早是六點鐘起床，然後到我的書桌上去，所以我並不完全懶惰，雖然我並不能像我所願望的那樣進展。我現在正寫《人的使命》。十二點半，我打扮一下（天曉得！——理髮、擦粉等）和穿衣，一點鐘我拜訪維蒂夫人，在那裡會見施雷格爾和一位新教牧師，他是施雷格爾的朋友。三點鐘我回來，讀一本法國小說，或者像現在這樣給妳寫信。如果有什麼好戲（這不是常有的事），五點我就去戲院，如果沒有好戲，六點鐘我就同施雷格爾在郊區、動物園或者在我們屋前的椴樹下散步。有時我同施雷格爾以及他的朋友舉行小型的聚餐會，例如前天，我們就這樣做過，並且向妳和孩子致以最衷心的問候。我

---

❶ 海涅：《論浪漫派》，人民文學出版社，1979年，第66頁。

們沒有葡萄酒爲你們乾杯——只有酸啤酒、一塊黑麵包，以及一點快壞了的沾有黃油的火腿。禮貌使我在這裡容忍了許多幾乎不能容忍的東西。在晚上，我吃一塊牛奶麵包，飲一夸脫麥托酒，這是我屋裡唯一可享受的。在十點和十一點之間，我上床睡覺，沒有做夢，只有一次——那是在妳的第一封驚慌的信之後——我夢到了我的赫爾曼，我非常高興地看到他又健康了，我抱著他，突然他變大了，變高了，隨後是所有那些我難以忘卻的景象」❷。

這樣一種生活沒有繼續多少時間，一方面是費希特原有的那種不斷向外進取的積極主動精神與施雷格爾兄弟的消極頹廢思想格格不入，另一方面是他的妻子來到柏林後，不願意同柏林浪漫派生活在一起，因爲柏林浪漫派當時私人生活相當放蕩，弗里德里希·施雷格爾當時正和本是銀行家的妻子多羅蒂亞·維蒂夫人非法同居，而卡羅琳這位浪漫派女傑先後三次改嫁，第二次是嫁給奧古斯特·威廉·施雷格爾，而當威廉·施雷格同封·斯坦爾夫人打得火熱時，她卻第三次改嫁給謝林。因此不久後，費希特就退出了浪漫派的圈子，他原本想和施雷格爾在柏林創辦一個綜合性的文學雜誌的計劃也不得不告吹。

費希特的命運確實不佳，正當他在柏林喘息未定的時候，耶拿《文匯報》又於1799年下半年在其《知識附刊》第 109 號上發表了康德一篇批評費希特的聲明。這件事的起因是這樣：費希特自從到了耶拿後，凡是他的著作他都寄贈康德一册，請求提意見，可是康德卻從不看這些著作，也不表示任何看法，致使費希特一直以康德的學生自居，加之當年曾受到康德好評的康德主義

❷《費希特書信集》，來比錫，1919年，第92–93頁。

者賴因霍爾德最後也投向了費希特，從而與論界產生一種誤解，認爲康德默認了費希特哲學乃是他自己哲學思想的進一步發展。1799年1月，《愛爾蘭根文學報》以布爾的一篇文章向康德提出一項建議，請求他就費希特的思想公開表示看法。經過半年多的仔細考慮，康德終於在8月7日在耶拿《文匯報》上發表了這樣一篇聲明：「對於以公眾名義認眞要求我對1799年1月11日《愛爾蘭根文學報》第8號上發表的布爾的先驗哲學大綱加以評論，我的說明如下：我認爲費希特的知識學是一個完全站不住腳的體系，因爲純粹知識學不多不少只是純粹邏輯學，這種邏輯學以及它的原理是從不敢涉及知識的內容的，而是作爲純粹邏輯學與知識的內容相脫離。要從這種邏輯學中提煉出實在的客體，那是徒勞的，因此從未有人試圖做這一工作，所以先驗哲學一開始就必須越過知識學進入形而上學。但是按照費希特的原則，形而上學又是什麼呢？所以我是這樣無意於參與這種學說，我在一封回信中勸說他不要去做這種無成效的吹毛求疵之事，而應去培養他的卓越的闡述才能，有如這種才能在《純粹理性批判》中有益地應用那樣，但是他以『他將絕不忽視經院哲學的東西』這樣的解釋客氣地拒絕了。所以，我是否認爲費希特哲學是眞正的批判主義這一問題，可以通過他自己來回答，而不必我去否認它有價值或沒有價值，因爲這裡說的不是一個被評判的對象，而是做評判的主體。這裡只要說明我與那種哲學毫無任何關係就夠了。這裡我還必須提醒，有人擅自主張我的意圖是：我只想提供一個先驗哲學的初步準備，而不是先驗哲學體系本身，對此我是不可理解的。我從未能有這樣一種想法，因爲我曾經說過，《純粹理性批判》裡的已完成了的全部純粹哲學是這種哲學最好的眞理標誌」❸。按照康德這裡所表示的看法，他一方面否認他自己與費希特的知識學有任何關係，另一方面認爲費希特的知識學只是一種邏輯學，它把知識的內容完全抽象掉了。

康德的這個聲明對費希特的打擊無疑是沉重的，因爲康德是費希特最尊敬的哲學啓蒙老師，正是康德把他引導到哲學的王國裡來，而現在這位他所最敬愛的老師卻否認與他和他的工作有任何關係，並把他苦苦經營的知識學視爲毫無認識內容的純粹邏輯學。但是，費希特並沒有公開反對他的老師，他只是給謝林寫了一封私人信，請他看一下康德過去給他的信是怎麼說的，康德過去只是說由於他年邁體衰的緣故，無意於參加新的研究，因而與那些研究的任何成果無關，這裡絕沒有否認他與知識學的工作沒有任何關係。當然，費希特在關於知識學是否是邏輯學這一問題上是不同意康德的看法的，他說：「知識學這個詞根本不標誌邏輯學，而是標誌著先驗哲學或形而上學本身」❹。

康德的批評在某種方面對費希特也有一種好的結果，他本因「無神論事件」而懶於著述，現在感到他還必須從事他的知識學的闡述，因此在離開了浪漫派後，費希特把自己主要精力放在《人的使命》的寫作上。按照費希特當時的計劃，他的知識學的基礎理論部分在耶拿已經完成了，現在主要的任務是如何將它加以通俗化，以便能在社會中得到廣泛的應用，因此他主要考慮的是一種知識學的新闡述方式。他在1800年給席勒的信中這樣談到他的打算：「爲了能有一個確定的主旨，我目前正在從事對知識學的新闡述，我希望這個闡述能如此清晰，以致可以要求任何一

❸ 引自《費希特書信選》，第300-301頁。

❹ 《費希特書信選》，第202頁。

個具有科學精神的人都能夠理解它。這個闡述在科學界中將起到什麼作用，我將不斷地考察和報告。我將按照我自己的能力，以及那些被相同的信念逐漸引導到我們這裡來的合作者所能允許的程度，闡述知識學的整個領域，而不去追求普遍性」❺。費希特在柏林時期的著作主要是發揮知識學在道德、政治、歷史以及宗教方面的應用結果，他試圖以這些具體應用的著作築成一道從哲學思辨通往社會實踐的渠道，從而完成從絕對自我到行動自我的過渡，使知識學成為一個能動的積極的完整知識系統。

《人的使命》出版於1800年，它是費希特後期的一部重要哲學著作，其研討對象是人的認識發展的歷史，全書共分三卷，第一卷「懷疑」，第二卷「知識」，第三卷「信仰」，他試圖通過這三卷說明人的認識或人的世界觀是由受制於必然性的決定論發展到現象主義的唯心論最後進到基於信仰的倫理唯心論的辯證發展過程。

「懷疑」是人類認識的最早階段，在這階段中，人被兩種互相矛盾的體系弄得猶豫不決，一是決定論體系，即認為我自己以及我稱為我的東西的一切，都受制於自然必然性，都是這種嚴格必然性鎖鏈中的一個環節；一是自由體系，即認為外界的一切都受主觀目的性的支配，自我是感性世界的原始力量，它按照一個自由擬定的目的概念，自由地實現其意志。前一體系可以使人獲得客觀知識，但殘害了人的心靈，反之，後一體系能使人達到人類之愛，卻又囿於主觀。在這兩種體系面前，第一階段的人類搖擺不定，趨於懷疑。

❺ 《費希特書信選》，第238頁。

「知識」是人類認識發展的中間階段。爲了擺脫前一階段的懷疑，人類首先追求知識，試圖以知識來統一前兩種相互對立的體系。按照這一階段的人的看法，前兩種體系之所以衝突，是由於劃分了主觀和客觀、自我和非我。如果我們把客觀、非我看成是主觀、自我的產物，那麼它們的矛盾和對立就可消除。不過，這種解決辦法只是通過知識才產生的，而知識本身只是知識，而不是實在，因此歸根到底，這仍是一種幻覺，要想用知識去眞正把握實在和創造實在，乃是徒勞無益的，因此人類認識必須進入第三階段即信仰階段。

「信仰」是人類認識發展的最高階段，在這階段上，人類不僅要認識，而且要按照認識去行動，也就是說，這階段的人類不僅要在思想或知識上把外界一切看作是自身的產物，而且要在實踐或行動上去創造外界一切，只有在這一階段，人類才能超出感官世界而進到永恒的世界。信仰使我們從根本上統一了兩個直接對立的世界，一個是行動起決定作用的可見世界，另一個是意志起決定作用的不可見世界，我們直接處於這兩個世界的中心點上。

《人的使命》是一部很容易引起人們認爲費希特哲學已走向下坡路的著作，例如海涅就曾經說過：不料在一天清晨，我們發現費希特哲學發生了巨大的變化，它開始舞文弄墨、哼哼唧唧，變得溫和而拘謹起來了，「他從一個唯心主義的巨人，一個藉著思想的天梯攀登到天界，用大膽的手在天界的空曠的屋宇中東觸西摸的巨人，竟變成了一個彎腰曲背、類似基督那樣，不斷地爲了愛而長吁短嘆的人」❻。從表面上看，費希特現在似乎變得軟

❻ 海涅：《論德國宗教和哲學的歷史》，第137頁。

弱無力，耽於宗教幻想，他不再像過去那樣面對社會和自然的暴力昂首挺胸、無所畏懼，而是設想了一個永恒的意志和永恒的至善，這個至善可以「完全不依賴於人們的一切德行或惡行，而按照自己固有的規律，通過一種看不見的未知力量成長和發展，就像各個天體不依賴於人們的一切努力而沿著它們的指定的軌道運行一樣」❼。他試圖通過這種「永恒的至善」來使人們相信現存的一切總是愈來愈向好的狀態發展的。

不過，我們應當記住，這是他經過了那一場聲名狼藉的所謂無神論事件之後的著作，這場不幸的無神論事件尚在他的心靈深處留有創傷，同時這也是他在柏林處處受普魯士警察署監視、不允許他有任何違抗宗教和國家制度安全的時期的著作。他要在柏林生存，就必須處處克制和拘謹，竭力使自己屈從於普魯士當局，不流露出任何不滿情緒，更不要說有宣傳大膽地反抗現存制度的思想的可能。另外，柏林浪漫派的思想也不能對他沒有影響，施雷格爾宣揚的天主教的福音時時使他想到了對現存世界的另一種理解和解釋，是否通過這一種理解和解釋使苦難的人們暫時也能得到了某種程度的精神解脫呢？如果要說費希特的轉變，這可能是一個重大的轉變。《人的使命》證明了這種轉變，以後《極樂生活的指南》更證明了這種轉變。

但是，即使這樣，行動的渴望在費希特那裡還沒有消失，他仍像既往那樣要求哲學不僅要認識，而且更要按照認識而行動，他寫道：

---

❼ 費希特：《人的使命》，第106頁。

「『不僅要認識，而且要按照認識而行動，這就是你的使命』。我一全神貫注片刻，注意我自己，這聲音便在我靈魂深處强烈迴響起來。『你在這裡生存，不是為了對你自己作無聊的冥想，或為了對虔誠感作深刻的思考——不，你在這裡生存，是為了行動，你的行動，也只有你的行動，才決定你的價值。』
這聲音引導我超出表象，超出單純的知識，走向在知識之外存在的、與知識完全對立的某種東西，這種東西比一切知識都更加偉大和崇高，並包含著知識本身的最終目的。如果我要行動，我就無疑知道我在行動，也知道我怎樣行動，但這種知識並不是行動本身，而只是觀察行動。因此，這聲音恰恰向我預告了我所尋求的東西，即一種在知識之外存在的，就其本質而言完全不依賴於知識的東西。在我心裡有一個向往絕對的、獨立的自我活動的意向。再沒有比單純受他人擺布、為他物效勞、由他物支配的生活更使我難以忍受的了，我要成為某種為我自己、『由我自主』的東西」❽。

費希特仍舊像過去那樣，主張人類的現狀不是一成不變的，而且一定要不斷改變的，「我絕不能設想人類的現狀會永遠一成不變，也絕不能設想這現狀就是人類的全部最終目的。果眞如此，一切就會是一場夢幻，一個騙局，而且這也就不值得勞神費心地謀生了，不值得從事這種始終重覆、漫無目的、毫無意義的

---

❽ 費希特：《人的使命》，第78-79頁。

遊戲了。只有我把這現狀看作是達到更好的狀態的手段，看作是向更高級、更完善的狀態的過渡點，這現狀才對我有價值。並不是爲了這現狀本身，而是爲了這現狀所準備的更好的事物，我才能忍受這現狀，重視這現狀，甘願在這現狀下盡我一份責任。我的心情不能安於現狀，一刻也不能停留於現狀，這現狀使我的心情產生了不可抗拒的反感，我的整個生命都不可阻擋地奔向那未來的更好的事物」❾。

《人的使命》一出版，立即遭到柏林浪漫派的反對和譏諷。施萊爾馬赫首先寫了一篇極爲尖刻的評論，批評費希特這本書鼓吹了一種倫理的唯心主義。施萊爾馬赫以他那種帶有宗教色彩的斯賓諾莎主義觀點，認爲費希特這種倫理的唯心主義背叛了純自然主義的立場。在施萊爾馬赫看來，宗教的本質既不是思想，也不是行動，而是直觀和情感，宗教以對無限的嚮往補充思辨和實踐。不過，更爲嚴重的後果是，謝林也因這本書而與費希特分道揚鑣了。

我們知道，謝林一直是費希特的崇拜者，自從1798年他來到耶拿大學任教後，就和費希特站在同一條戰線上，宣傳新哲學體系，即使後來費希特因「無神論事件」而被逐出耶拿，他也不顧嫌疑和費希特保持緊密的學術聯繫。他們共同曾有一個打算，即想「把思想傑出的（即思想徹底的）學者們聯合起來發揮集體作用」，組織一個批判學會，並出版一份針對當時評論報刊的修正報。可是一當《人的使命》出版，謝林立即感到費希特的唯心主義和他自己現在所信奉的自然哲學有根本的分歧，他曾寫道:

---

❾ 費希特：《人的使命》，第94頁。

「費希特可以把唯心論看成是完全主觀的，而我卻相反，把唯心論看成客觀意義上的，費希特可以站在反思立場上堅持唯心論，而我卻站在創造性立場上制定唯心論原則」⑩。因爲在謝林看來，雖在表現上理性乃是一切的最高統一體，但在實際上自然卻是一個獨立的事實，它具有創造的力量。究極的理性，作爲思有的同一，只有就它分解爲兩個因素而言才有各自的特性，如果像費希特那樣，只強調思的作用，自然就淪爲被動的。在謝林看來，不論是思維還是存在，都不應看作是存在的本源，眞正的出發點乃是思維和存在的同一，精神和自然的同一。

費希特和謝林在哲學上的這種分歧，實際也不奇怪，雖然他們兩人都是以康德爲出發點，但是費希特更多地是從社會問題開始的，而謝林則是以自然問題爲其主要研討對象，因此費希特是以康德的《實踐理性批判》作爲他的出發點，而謝林則是從康德的《判斷力批判》起步。費希特哲學產生於他那時代的社會危機，而謝林哲學則產生於 18 到 19 世紀轉折時期的自然科學的危機。對於費希特來說，自然只是一種對於人來說純粹被動的活動領域，反之對於謝林，自然乃是眞正的認識對象，因此，費希特知識學的最基本的概念是「本原行動」，反之，謝林自然哲學則是以「理智的直觀」爲其最基本的概念。

哲學觀點上有了這些分歧，他們私人間的友誼關係也就不能再維持下去了。首先他們停止了原先想共同組織一個批判學會和經辦一份報紙的計畫，然後互相在通訊裡和各自的著作裡相互指責。1800至1802年謝林出版了許多著作，在這些著作中，他不僅

---

⑩ 謝林：＜對我的哲學體系的闡述＞，見《謝林全集》，斯圖加特，1856年，第 1 卷，第114頁。

發揮自己的新見解，而且還表明他的見解已遠超過費希特的「自我」爲中心的唯心主義，反之，費希特也在通訊裡不斷指責謝林對「絕對」的錯誤理解，他說，謝林堅持「絕對」是在「量的差異的形式」中存在，乃是一個極大的錯誤，「如果絕對可以以任何一種形式存在，那麼絕對也就不再是絕對了」⑪。在費希特看來，「絕對（正因爲它是絕對，所以不能給它附加任何謂詞，既不能附加認識或存在的謂詞，同時也不能附加這兩者的『無別』的謂詞）必然是基礎，它在自身中作爲理性表現自己，把自己數量化，分化自身爲認識和存在，並且在這個形態中才成爲一個具有無限差異的認識和存在的同一。只有用這種方式才能夠確立一是一切」⑫，信的最後還說：「我極爲希望與您保持通信，但條件是，如果您放棄那些人身侮辱。您不會願意，我看到您的手迹，您的印章（它們過去曾給我帶來愉快）時感到苦痛，而讓自己防範您」⑬。1806年謝林發表的〈自然哲學與修正後的費希特理論的眞正關係的說明〉就是一篇刻毒攻擊費希特的文章，而費希特同年也回擊了一篇〈關於知識學的觀念，及其至今所遭遇的命運〉的文章，文中說謝林是「這個一般混沌時代所產生的最混沌的頭腦」，是「一個極其無能而拙劣的辯士」。

費希特最初在柏林，除了撰寫《人的使命》外，還寫了一本很富有特色的著作，這就是《封鎖的商業國家》。在1800年8月16日費希特給弗里德里希·施雷格爾的信中曾經談到，他已寫了一部「關於貿易、運輸、貨幣、國民財富」諸問題的著作，並且

---

⑪ 《費希特書信選》，第241頁。

⑫ 《費希特書信選》，第245頁。

⑬ 同上書，第243-244頁。

已經付印，當時他所指的就是這一部著作。

《封鎖的商業國家》也是出版於1800年。西方有些評論家曾認爲這是一部早期的闡述社會主義理論的著作，全書共分三個部分：第一部分探討一個閉關自守的商業國家的原則；第二部分是把這些原則同准許國際交易的社會所表現的實際現象加以比較；第三部分考察一個現今的國家用什麼辦法把自己封鎖起來。

費希特在此書裡提出的最根本的觀點，是主張財產所有權不是與事物相關的權利，而是唯一同行動相關的權利。他說：「我曾把財產所有權描述爲只同行動（Handlungen）相關的權利，而絕不是同事物（Sachen）相關的權利。事情就是這樣，只要大家安居不動，他們就不會爭執。唯當人們有所活動有所作爲，他們才互相衝撞。自由活動是力量之爭的所在，所以它乃是爭執者不得不爲之訂立契約的眞正對象，而事物卻絕不是契約的眞正對象。自由行動的對象的所有權最初是流動的，是從只同自由行動相關的權利派生出來的。如果沒有任何一個走近這棵樹的人侵害它，如果沒有一個人可以在我高興的隨便什麼時候摘取這棵樹上的果實，那我就不會費心去思考我如何才能理想地佔有這棵樹。到時候自然是我而不是任何一個別的人將摘取和享用這些果實，而摘取享用也就是我唯一關心的事情」⑭。很顯然，費希特這種理論是從他的知識學基本原理推導出來的，在知識學裡，費希特強調行動、原始行爲是基本概念，這使他把財產所有權不看作對事物的佔有，而看作是對行動的佔用，這種理論用現代的話來說，就是把所有權和使用權、經營權分開，強調使用權和經營

---

⑭ 《費希特全集》，第3卷，第26頁。

權是最根本的東西。

在費希特看來，以前所有權理論的基本錯誤就是把所有權規定爲對一件事物的專門佔有權，甚至還認爲大產業主階層或貴族階層是唯一的眞正的所有者，是唯一構成國家的公民，而其他人都不過是無公民權的居民，他們必須以前面那些階層所中意的任何一種條件來換取自己的生存，費希特說:「同這種理論相反，我們的理論把首要的和原始的所有權，把其餘一切的根據，規定爲對某一項自由活動的專門權利」⑮。例如土地就不可能成爲所有權之爭的對象，因爲農民可以種植它，而不妨礙牧民在春播開始前去放牲畜的權利，「大地是屬於主的，而唯合乎目的地種植和利用大地的能力則屬於人」⑯。

在這種理論下，費希特強調「自己生活，也讓別人生活」乃是一個好的國家的根本原則，他說:「一切人類活動的目的在於解放生活，所有由自然賦予生命的人對這種生活的可能性具有同等的權利要求。因此首要的一定就是必須把這種分配做得使所有人都能靠它生存，自己生活，也讓別人生活」⑰。

費希特還在這本書裡區分了三個主要階層 (Stande)，當時費希特還認識不到階級這一概念，但是他的階層概念明顯帶有反封建性質的，因爲中世紀封建社會的統治階層、貴族、教會階層均在他的理想國裡不出現。他區分的三個階層是：(1) 農民; (2) 手工業者（工匠）; (3) 商人。農民生產者應當承擔義務、收穫足夠的物產，這些物產不僅能養活他們自己，而且還能養活

⑮ 《費希特全集》，第3卷，第441頁。

⑯ 同上書，第442頁。

⑰ 《費希特全集》，第3卷，第402頁。

他們國家裡的工匠；工匠的義務是要保證質量，爲生產者提供他們一向所用的那麼多的製造品。這樣一來，在自然物產和製造物品之間就有了一種交換關係，而這種交換關係不能在農民和工匠之間直接進行，而是需通過商人，商人既不從事物產的直接生產，又不從事物產的直接加工，他們的義務就是在這兩種產品中進行合理的交換。

在費希特看來，這三個階層是國民的基本組成部分，而政府成員、教育階層、保衞階層的成員都只是爲這三個階層服務的。國家是組織勞動的機構，是使社會交往順利進行的保障，而它的非生產者人數絕不能超過該國的自然物產所能養活的數量，國家必須按照生產者的人數、土地的肥沃程度、耕作的現有水平計算出可以不從事農耕的公民人數，同時也應使公民在國家的總收入中分配其勞動所應得的一份作爲報酬，因此，一個好的國家必須反對奢侈和有閑階級。

費希特在柏林除了著述外，還不時作些私人講演，這些講演受到柏林的廣大聽眾的歡迎。聽眾中不僅有青年人，而且也有很多政府官員和知名學者。鑑於當時柏林還沒有一所大學，費希特在1804年給皇家內閣寫了一封信，希望能允許他在柏林科學院作關於他的學說的公開講演。信中他對自己的知識學體系這樣評論道:「一個體系已經產生，不久前它的外在形式也已臻於完備，它可以自誇，它是一個自身純粹封閉的體系，不可改變，並且具有直接的明晰性，它爲除自己之外的所有其他科學提供了它們的最初原理以及它們的主導思想，並因此在科學的領域內永遠地取消了所有爭論和誤解，爲束縛於其中的人類精神指明了它向更高的明晰性無窮邁進的領域，並把它可靠地引向這些領域」⑱。

由於費希特在柏林的演講獲得很高的聲望，外地的一些大學就想邀請他去主持講座。1804年俄國政府聘他去察可夫新設立的大學擔任教授，同年，巴伐利亞州政府也聘請他任蘭茲胡特大學教授，但費希特都拒絕了，他之所以拒絕第一個邀請，是因爲他不願離開他的祖國去到國外工作，而巴伐利亞的強大教會勢力也使他不願接受第二個邀請。同年底，愛爾蘭根大學在俾斯麥的建議下終於忍不住了，給費希特寫了一封極其恭敬的邀請信，而費希特也出於同樣的恭敬接受了這一邀請，不過他的條件是夏季在愛爾蘭根授課，多季返回柏林繼續公開講演。從1805年5月開始，他在愛爾蘭根大學講授《論學者的本質》，此書於次年出版，而在1804年至1805年冬季，他在柏林演講《現時代的基本特徵》。下一年冬季他又演講了《極樂生活的指南》。1806年，由於俾斯麥違背了普魯士國家聯盟政策，費希特離開愛爾蘭根又回到了柏林。

《論學者的本質》、《現時代的基本特徵》和《極樂生活的指南》這三本於1806年出版的著作構成了費希特後期哲學的基礎，如果說在費希特以前的哲學觀點中，認識還和存在不可分割地聯繫在一起，那麼在費希特的後期哲學中，認識已超出存在而上升到與絕對等同的地位，「在絕對或上帝與知識 —— 就其最深刻的生活根源而言 —— 之間沒有任何區分，而是兩者彼此都完全融合在一起」⑲，在這種觀點的指導下，費希特只強調了精神，而忽視了自然，他在《論學者的本質》中說，上帝卽生命，生命

⑱ 《費希特書信選》，第248-249頁。

⑲ 費希特：《極樂生活的指南》，漢堡，1970年，第34頁。

卽精神，而自然只是「一種僵死的、停滯不前的、自我封閉的現實存在……當然，自然也在上帝中有其基礎，但絕不像是那種絕對的和必定是絕對的東西，而只不過是另一種實存——人身上的生物本源——的手段和條件，是一種隨著生命的不斷進步而將日益消滅的東西。因此，請不要嚮往和迷戀那種自命爲自然哲學的哲學學說，這種學說認爲，那種試圖將自然變成絕對和將自然加以神化的東西，已經超越了一切以往的哲學」[20]。顯然，費希特在這裡是批判謝林的自然哲學，但他這種批判卻把精神、理性擡高到一個登峰造極的神聖天國。

《現時代的基本特徵》就是費希特在這種觀點指導下撰寫的一部歷史哲學著作。按照費希特的看法，歷史乃是「從基於單純信仰的原始的不平等走向基於用理性來調整人類關係的平等的過程」，也就是一種從無理性走向理性的過程。在該書中，他把人類歷史發展的過程劃分爲五個階段：第一個階段是理性無條件受本能支配的時代，在此階段，理性表現爲盲目的本能動作，因此這一階段也可叫做人類天眞爛漫的時代；第二個階段是理性的本能變成外在的強制的時代，在此階段，逐漸生長的理性表現爲外界的權威，這是一個確立禮教、宗教和典章制度的時代，它所要求的是強制、盲目信仰和無條件的服從。按照費希特的看法，這是一個罪惡漸深的時代；第三個階段是理性由外界權威解放出來的時代，在這個階段，理性擺脫了一切禮儀和制度的束縛，完全無拘無束，目無法制，這是個人主義的罪惡貫盈的時代；第四個階段是理性走向善的理性科學的時代，在這個階段，理性認識到

---

[20] 費希特：《論學者的本質》，見《費希特論學者》，柏林，1956年第112-113頁。

眞理是最高的東西，能按眞理的指導進行改善自身和改革外界，這是逐漸釋罪的時代；第五個階段是理性完成和聖潔的理性藝術時代，在這階段，人類清楚地意識到自身的目的，以堅定的步伐正確地實現理性自由的王國，這是完全釋罪和實現全善的時代。按照費希特的看法，前三個階段乃屬於人類獲得自由前的時期，只有後兩個階段才是人類獲得自由的時期，他嚴厲批評他那個時代，認爲他那個時代乃是對眞理淡漠、完全放肆專橫的第三階段。

按照費希特這裡提出的理性發展五階段說，我們可以看出他基本上對人類歷史和社會的發展持有一種類似於後來黑格爾所提出的正反合三階段理論，第一第二階段是本能和權威在起主要作用，可以說是正的或肯定的階段；第三階段是超出本能，反抗權威，可以說是反的或否定的階段；而第四第五階段則是理性科學和理性藝術，可以說是合的或否定之否定的階段，也就是說，他所描述的人類社會發展的歷史是由受制於本能和權威的奴隸狀態開始，通過打破任何權威、個人任性、絕對自由的無政府階段，最後進到理性的科學理解和藝術實現，從而達到自由王國的狀態，這樣一種強調人類和社會通過否定之否定的規律不斷向前發展的歷史哲學理論可以說是德國古典哲學的最高成果。

不過，我們必須指出，費希特所闡述的第五個階段乃是一個道德淨化直至宗教聖潔的階段。後期費希特顯然受了浪漫主義的影響，以一種虔誠的對宗教的皈依作爲自己最高的理想境界，這正是他的《極樂生活的指南》一書的主題，在該書第一頁上他就寫道：「愛就是存在的激情」，也卽生活就是愛，他試圖從愛的說教中找到人類的極樂世界。他說，科學和知識並不是我們的眞正目的，它們只是達到聖靈和宗教的手段和途徑。人的目的最終是消滅自身，返回到永恆的生命之流中，「只要人還試圖親自成爲什麼，上帝就不會來他這裡，因爲任何人都不能成爲上帝。但一俟他乾淨、完全、徹底地消滅自身，那就只剩下上帝，並且一切都寓於萬物之中……這種自我毀滅就是向著高級的生命轉化，而這種生命是與那種取決於自我的現實存在的低級生命完全對立的，按照我們最初的考慮，這就意味著第三種對於世界的關係——純粹的、高級的道德精神」㉑，而道德精神的進一步發展就是人類普遍得到拯救的宗教。

㉑ 費希特：《極樂生活的指南》，漢堡，1970年，第130頁。

十、生命最後的戰鬥

正當費希特在柏林即將完成他的知識學的新闡述的時候，拿破崙的鐵蹄臨近了柏林。1805年12月奧斯特里茨之戰，奧地利、英國和俄國締結的反法聯軍慘遭失敗，拿破崙乘勝向德國北部進攻，德意志帝國解體。德國唯一的希望在於普魯士重建北方聯盟，成爲德國抗擊拿破崙的最後堡壘，誰知1806年10月耶拿和奧爾施泰特之戰，普軍不堪一擊，柏林危在旦夕。

原先本是熱情贊揚法國革命，並希望法國在歐洲取得巨大優勢的費希特此時看清了拿破崙的侵略本質。法國革命已經接近但沒有實現的民主理想，現在被拿破崙毀之一旦，從而法國民族從對歐洲人民作爲封建奴役的解放者的角色變成了歐洲人民的壓迫者和侵略者的角色。爲了維護祖國的安全，戰爭一開始費希特就申請隨軍參戰，可是未得到國王的批准。這時他感到自己眞正的神聖職責就是要以他的演講和著作激起全國人民的愛國熱忱，讓他們勇於參加到這場保衞祖國領土安全、抗擊外敵侵略的神聖戰爭中去。他在1806年10月致普魯士內閣大臣哈登伯格（Hardenberg, K. A. von 1750-1822）的信中激昂地寫道：「我認作我生命的眞正任務的事業，即對知識學作一個完全清晰的闡述，尚沒有完成，但已接近尾聲。我做了一個草稿，剛剛完成。當戰爭的叫囂似乎臨近首都，國王家族携帶珍寶倉促逃走似乎證明不再能保護他們的時候，我將試圖以著作喚起我們時代的最大興趣，如果我能夠的話，我將通過生動有力的講演激起德國人的良心，更高地激發他們的愛國熱情。……如果我個人的犧牲對於祖國能是有用的，那麼我感到我是很願作這樣一種犧牲的。我還希望表示，我敢於拿起我曾經學會使用的武器參加戰鬥」❶。

費希特在擬就的對戰士的演講詞裡說，他願他的講演就是「利劍和閃電」，他將盡他所能的最大的清晰和鄭重，來講出會在敵人的法庭上被判處死刑的那些眞理，而他絕不因此而怯懦地躲避，相反，他將「當著諸位面前發誓，或者同祖國一起自由地活著，或者隨同它的滅亡也一起死去」❷。為了祖國現在能團結一致，同仇敵愾地抗擊法軍侵略，費希特暫時抑制了他的民主主義情緒，這種情緒曾經使他極端仇視國王和王公大臣，認為我們最大的特徵就是敢於向王公大臣提出指責。現在他感到普魯士要成為團結一致抗擊外敵的堅強堡壘，就一定要在一個英明的國王的統一領導之下，因此他說:「在這種情況下，讓我自己退回到君主專制的核心裡去，我認為這不僅是允許的，而且甚至是有義務的」❸。

耶拿戰役之後，拿破崙大軍兵臨柏林城下，費希特由於不想在柏林向敵軍俯首屈服，「不讓一個最後的德國著述家那由正直心靈所支配的筆屈從在敵人的管轄之下」❹，他於1806年10月毅然跟隨普魯士政府轉到了哥尼斯堡，擔任哥尼斯堡大學臨時教授，

❶　《費希特書信選》，第262頁。
❷　《費希特全集》，巴伐利亞科學院版，第3輯，第2卷，第509頁。
❸　《費希特書信選》，第262頁。
❹　同上書，第265頁。

而他的夫人和孩子暫住柏林。

費希特來到哥尼斯堡，立即受到各界公眾的熱烈歡迎，正如當時一位哥尼斯堡大學生威廉・杜羅所報導的，他的到達「在所有階層的老年人和青年人裡都引起了一個極大的震動，他是帶著那冷鐵一般的深沉的人爲製作的面色和那要穿透一切的火一般的眼光來到了哥尼斯堡大學的，他的講演立即受到了來自各個階層的傑出的聽眾的歡迎」❺。

不過，哥尼斯堡是克魯格派、雅可比派和許多其他學派的大本營， 他要在這樣一個極端保守固執的學術環境裡獲得講演成功，是非常不容易的，敵人可能隨時都要給他的演講搗亂。下面是威廉・杜羅的一篇回憶：第一次講話開始於1807年1月5日星期一下午四點，費希特來了，他的富有特徵的精明的充滿生機的面龐和他那堅定的勇敢的眼光給我們所有人以深刻的影響。他站在一張桌子後邊，桌上有兩盞燈，全教室一片寂靜，每個人都可以聽見自己的呼吸。費希特擦了第一盞燈，點燃它，又擦第二盞燈，點燃它，然後他用雙手支撐在桌子上，像魔術師那樣啞口無言地環視全體聽眾十分鐘，好像他想要洞察他們的最隱秘的思想一樣。這樣，他才開始了大概是這樣的講話：「先生們！如果您們想理解我將講演的東西，如果您們想有收穫地聽我的講演，那麼您們必須確信，您們還根本什麼都不知道。從創世日開始一直到柏拉圖，地球和它的居住者是完全不了解的，從柏拉圖一直到康德，他們也不了解，從康德一直到現在，他們仍同樣在黑暗摸索之中，因此」……這時有人開始在攪動了，可以聽見一種可怕

❺ 《費希特書信選》，第305頁。

地用腳踏地聲、咳嗽聲、噓聲，但費希特保持沉默，安靜地以他那閃爍的眼光凝視這些喧嘩而騷動的人群，當這些人停止了，他又重新做了一遍擦燈和點燈的動作，然後以一種令人驚異的安靜和嚴肅繼續說道:「先生們，我曾相信我是在一個人群面前作講演，難道我這種相信是欺騙了我自己嗎？什麼是人和動物的區別呢？人可以用人們理解的語言表達他們的思想和他們的觀念，而動物、大象、公牛和毛驢就不能這樣表達，因此牠們用腳踏地、用不清晰的聲調咆哮，牠們做出不理智的行動。」（停頓一下）「我說過，我們不知道任何東西，因爲從世界的創造那天直到柏拉圖，從柏拉圖直到康德，直到現在，所有的人都在黑暗中摸索，並且還繼續保持在黑暗之中。」這時費希特繼續他的講演，再沒有了喧嘩聲、干擾聲。的確，在晚上，費希特的窗子被砸破，可是石頭同樣也飛進了陪費希特來到哥尼斯堡大學講堂的普希克教授的夫人的窗子裡❻。

費希特在哥尼斯堡原想完成他的知識學新闡述，但這時柏林已經淪陷，而哥尼斯堡的政府官員紛紛作投降的準備，他立即放棄了知識學闡述，而宣傳愛國主義。他毅然給普魯士國家大臣阿爾坦施泰因寫了一封信，指出和平妥協政策只能給德意志民族帶來更大的災害，他說，那種和平根本不是眞正的和平，它只能給敵人讓出一切權力，使其利用和平和寧靜繼續貫徹他的侵略計畫，並告誡說:「如果德國人不保持一種堅定而令人尊敬的冷靜頭腦的話，那麼在歐洲就根本不可能有和平的念頭」❼。

哥尼斯堡不幸也於1807年6月13日被法軍佔領，三天之前費

❻ 參閱《費希特書信選》，第305-307頁。

❼ 《費希特書信選》，第263頁。

希特不得已轉到丹麥的首都哥本哈根。他在去之前，曾給普魯士國王這樣一個保證，只要祖國需要，他隨時就可召之即來，他說:「即使在國外，我也將認爲自己是爲國王效忠的，我也將作好召之即來的準備。如果這樣一種指示提供給我，那麼，如果沒有國王的明確的允許，我就絕不會接受外國的固定的雇佣」❽。

費希特到達哥本哈根的第一天，正是普法媾和的日子。費希特原想等待敵人撤出柏林才回去，但和約規定法軍一直駐到戰費賠償付淸時爲止，他不能再等待了，同年9月，他重返仍在法軍刺刀下的柏林。這時他深感自己的責任重大，需要喚醒德意志民族的良心意識，使他們深刻認識到德意志民族之所以如此軟弱無能和不堪一擊，乃是道德淪喪的結果，爲此他有必要就德意志民族這一主題進行演講，從而更高地激起德意志民族的愛國熱情和民族復興的力量。他在柏林，一方面進行公開講演，一方面籌建柏林大學。

1807年12月13日至1808年3月20日，費希特每星期日晚間在柏林科學院的大禮堂、立於擁擠不堪的聽衆之前，開講他那著名的《對德意志民族的講演》，連續十四次。當時柏林仍在法軍控制下，禮堂周圍有許多密探巡邏，費希特面對敵人的刀槍，臨危不懼，把個人的安危置之度外，他說:「關於我個人面臨危險的事，全然不在話下，倒不如說可以產生非常有利的影響。我的家庭和我的兒子，如果沒有民族的幫助將蕩然無存，假如我因演講而死，則我的家庭和我的兒子將因爲有一個爲國殉難的父親而無上光榮」❾。他自始至終，情緒激烈高昂，語言鏗鏘有力，每次

---

❽ 同上書，第266頁。

❾ 引自庫諾·費舍:《近代哲學史》，第6卷，第211頁。

演講完畢，群眾報以熱烈的掌聲，群情激動。

《對德意志民族的講演》是繼普法戰爭前費希特在柏林科學院演講的《現時代的基本特徵》的續篇。在《現時代的基本特徵》中，費希特曾區分了人類發展過程的五個階段，當時他認爲現時代是處於第三階段，卽理性脫離本能和權威的個人主義泛濫的罪惡貫盈的時代。時隔三年，局勢劇變，現今德國正處於法軍的鐵蹄之下，費希特認爲這正是第三階段自取滅亡的結果，但這種自滅的結果卻把我們喚醒，引導我們脫離第三階段而進入理性科學的第四階段，因此，現時代可以說是從第三階段卽罪惡貫盈的階段向第四階段卽逐漸釋罪的階段的轉折時代。他說，喪失了獨立的國家，同時便也喪失了推動時代潮流的力量，這時代和國家的命運就不能不掌握在外國人的手裡，並爲外國所吞噬。但這時代卻能喚醒我們從這樣的狀態奮起，另闢一個新的世界，創造一個新的時代。因此，費希特這次講演的目的，就是要向國難深重的德國民族「指明這樣的世界的存在和眞正的性質，把這新世界的生動畫面展現在諸君眼前，並且闡述這新世界產生的辦法，這樣，這次講演由於將揭示出那個利己心深重的國家遭到外力毀滅後直接能夠而且一定有的新時代」⑩，從而號召德國民族勇於起來創造新時代、建設新世界。

請聽一下費希特這篇講演的開場白吧：

「我是為德國人全體、就德國人全體而演講。對於過去數百年來許多災厄在這本屬同胞的我們中間所造成的乖離分

⑩ 《費希特書信選》，第265頁。

裂全不計較，而為德國人全體、就德國人全體而演講。敬愛的聽衆諸君，我的眼睛正瞧著諸君——德意志民族的第一流人物而且是他們最直接的代表，向我表明德意志民族可愛的特質，造成我這次講演的火焰的焦點諸君。我的精神把德意志民族的有智之士從它的一切地方齊集在這裡，以便研究我們共同的地位和境遇。但願使諸君感奮的這講演活力的一部分將變成無言的印刷品，到了那不得不以讀這講演的記錄而自甘的人們眼前，猶能發露它的力量，到處燃起德國人的情緒，督促他們的決心和實行吧。只為德國人全體，就德國人全體，我這樣演講。我要在這個時間向他們指明：唯有德意志的統一才是真正的統一，唯有德意志民族的聯合才是有意義的國民聯合。雖說是真正的統一，但這樣的聯合要素已被我們的現狀所破壞而喪失，以致不能再恢復它本來的面目了。我民族雖與外國聯合可免於滅亡，但保持自己的特性才能贏得在任何形式下不隸屬於外人的獨立性，這就是那叫做『德國魂』的我們的共同的特質」⓫。

費希特試圖以這篇演講爲德意志民族的統一和復興奠定精神的基礎，他說德國雖被征服，「在軍械的戰鬥上」已經失敗，但在「新的理性戰鬥」上，即在道德、學問、文化方面仍可超過敵人，如果我們在道德文化上超過敵人，我們的精神力量就可在現實的政治生活中發揮作用，從而使我們有可能重又在物質外在工

⓫ 《費希特全集》，第7卷，第266頁。

具上超過和戰勝敵人。他堅決主張徹底改造國民教育，他認爲，唯有徹底改造舊的國民教育制度，德意志民族才能達到自救，才能走向復興。他特別強調教育的最終目的是改造人的精神素質，他說:「教育者必須造就被教育者，使其不得不自然地急欲去做你所希望於他的事。叫沒有羽翼的東西飛是徒費口舌的，無論你如何訓誡它，它絕不會從地上飛起半步，若要它飛，就得先讓它長出精神的羽翼，使其練習、強化、遊行自在，到了那時，它雖不受你的訓誡，已不禁飄飄欲飛，不得不欲飛了」⑫。費希特認爲，過去的教育僅限於上流階層，而新的教育應爲全體國民服務，他說，「過去這不完全的教育僅施於極少數人，這少數人稱爲教養階層，而作爲國家基礎的大多數人，即一般人民，卻被拒之於教育之外，任其自生自滅。我們的新教育把德國人看作全體……我們所要創導的是眞正的德意志國民教育」⑬。在他的講演中，他詳盡地闡述了他理想的國民教育計畫，把教育分爲幼年教育，中學教育和大學教育三個階段，他跟隨瑞士著名教育學家斐斯塔洛齊，強調兒童的直觀教育，精確地區分了感覺經驗、外界直觀和身體動作這三個質素，主張兒童經過初期訓練後必須脫離家庭，這樣才能增強共同的民族素質，增進共同的民族感情，培養統一的民族觀念。他認爲民族復興的關鍵在於發揚民族性，民族性並不是指土地、人口、經濟和政治，民族性主要體現在一個民族的宗教、道德、藝術、文化等精神方面，因此復興民族，關鍵在於民族精神的復興。費希特認爲，與其他民族相比，德意志民族是更有精神原始性的民族，它的語言文字是更富有精神原始

---

⑫ 《費希特全集》，第7卷，第282頁。

⑬ 同上書，第275-276頁。

性的語言文字，因此我們完全有民族復興的可能。他特別強調德意志各邦應當有統一的「愛祖國心」，認爲從這種「愛祖國心」才能誕生出自己的「勇敢的祖國保衞者」⑭。他說：「作爲德意志國民全體的高貴的『祖國愛』，都應當成爲德意志各邦的最高權威，德意志任何一邦，若忽視這高貴的『祖國愛』，則其必然的結果就是喪失一切獨立與尊嚴，而自速其滅亡」⑮。

費希特的《對德意志民族的講演》可以說是自路德之後德國人所能聽到的最激昂慷慨和最熱情奔放的講演，它在德國人民心中不僅激發了反對外來侵略爭取民族獨立的民族感情，而且也激發了德意志民族應當統一的偉大觀念。在這系列講演中，費希特自始至終表現爲一個爭取祖國自由和民族獨立的熱情戰士，也表現爲號召德意志各民族重新統一起來共建祖國大業的積極宣傳家。《對德意志民族的講演》在德意志民族反對外國侵略者和完成祖國統一大業的鬥爭中起了巨大的作用，它是德意志民族在決定性的時刻的傑出文獻。

講演結束後不久，費希特就病倒了。柏林淪陷後長期奔波和憂國憂民的思慮終於使費希特這樣堅實如鐵的身體也受不住了，原計畫在1808年舉行的春季哲學講座也只得暫停，費希特去臺普尼茨療養數月。

當時普魯士政府鑑於耶拿戰敗，哈勒大學已告停頓，擬將大學遷至柏林，但當時柏林還沒有一所大學，爲此指派教育大臣拜麥（Beyme, K. F. 1765-1838）負責籌劃這一工作。在拜麥的邀請下，費希特參與了此次創建柏林大學的計畫起草工作。1807

⑭ 《費希特全集》，第7卷，第400頁。

⑮ 《費希特全集》，第7卷，第400頁。

年9月至10月，費希特擬定了一份「關於在柏林設立一所高等學府的演繹計畫書」，在此計畫書中，費希特提出大學不僅是傳授高等知識的場所，而且更重要的也是培養思想品德的熔爐，從而能訓練各人的全部能力，達到知識的最完善的應用。按照費希特的設想，大學第一年級應以百科全書式的哲學爲主要課程，然後幾年才分別學習各門具體科學。他堅決主張取消以往大學的神學院，因爲神學可劃分爲三部分，一部分歸到語言學，一部分歸到哲學，再有一部分可歸到歷史。在計畫書中費希特還強調了優生教育制度，即主張經過第一年課程的訓練後，學生可劃爲兩類，即優等生和一般生，優等生是大學的核心，他們不僅一切費用由學校供給，而且須穿一種固定的大學制服，以示其區別，大學教授將來就是從這些人中選拔。

但費希特的計畫遭到了施萊爾馬赫和沃爾夫等人的反對，他們認爲這一計畫標新立異，而當政的阿爾坦施泰因主張不要操之過急，最後拜麥根據大家的意見另擬了一份計畫。這樣，1810年柏林大學正式成立，從前哈勒大學校長施麥茨暫代理校長，一年後，費希特當選爲該校第一個選舉產生的校長，不過只有四個月，1812年2月因教學計畫與普魯士當局意見不合，他要求免去他的大學校長職務，普魯士政府同意了他的這一要求，因爲正如一份官方文件所寫的，費希特當時「因爲他的對德意志民族的講演反正在法國當局有了惡名」[16]。在柏林大學期間，費希特開講了《意識的事實》、《知識學》、《先天邏輯》、《法律學》和《倫理學》等課程。

---

[16] 《費希特書信選》，第310頁。

其中《先天邏輯》課程特別應當引起我們注意。費希特繼康德之後區分了兩類邏輯：普通的形式邏輯和先驗邏輯。前者研究知識的形式和推理，後者研究知識的內容和起源。在費希特看來，先驗邏輯是哲學的最重要的組成成份，因為它指出了知識的絕對基礎，即指出了物的起源，因而也是知識的起源。一切多樣化的知識是怎樣從這種原始的絕對基礎中產生呢？費希特使用了「構造」這一概念，構造就是按照概念間的必然聯繫進行重構，而不是任意虛構。這一思想對後來謝林和黑格爾影響頗大。

1812年，拿破崙在遠征俄國的途中慘遭挫敗，整個歐洲群情激動，決心聯合一致抗擊法國侵略者。在普魯士，一場保衛祖國安全和維護祖國統一的神聖解放戰爭正在積極準備之中。1813年2月19日費希特作了他在戰前的最後一次講演，他說：「求解放的決心在任何情況下都是值得尊敬的，必定會引起人們對那些做出這種決心的人的尊敬和信任，在任何情況下這種決心都掌握了值得尊敬的東西。……難道誰能在事業可能失敗，或者不按照所希望的方式成功這種情況下去想：通過他把自身排除在外和通過他由此給出的例子而讓事業眞正失敗嗎？……毫無例外，任何人都是作為群體力量發揮作用。這裡確實有許多不同的事情，但只有一件事情顯出迫切需要，那就是任何人都應放棄遙遠的目標，而把他的精力貢獻給業已出現的偉大時刻」⑰。這個講演無疑激勵了大家踴躍參加即將爆發的神聖解放戰爭。費希特最後講演的一個聽眾曾簡短地描述了這次講演對他所發生的影響，他說：「費希特在他的講演中的基本思想，就是要證明拿破崙由於壓制

---

⑰ 《費希特書信選》，第311頁。

在法國革命中所喚醒的自由思想，矇騙去了世界的這個高尚產業。……他（指費希特）把一種世界歷史性，以及說得更深刻些，一種倫理的合理性給予了法國革命，但拿破崙背叛了革命事業，他把這解釋為拿破崙最深重的罪孽。……歷史已報導了許多鬥爭和戰爭，但是關於這樣一種同一性和實在性，哲學和刀劍處於如此緊密的內在聯繫，並以如此清晰的自我意識立於自由的軍盾之下的戰爭，還從未報導過。所有善良的人、最好的精神都在我們這邊，所以，即使我們可以失敗，但我們的事業將包含勝利」⑱。據說，當費希特演講完畢，教室立即空蕩，人們紛紛參加普魯士的步兵狙擊部隊去了。

1813年3月，普魯士國王頒布《告國民詔書》，一場神聖的自由解放戰爭終於爆發了。費希特年逾五十，仍像1806年那樣，再次請纓參戰，但又未能獲准。這樣，他就一方面親自參加柏林後備軍實習軍事操練，另一方面在大學會場作公開的愛國講演。1813年夏季，他向柏林廣大聽眾作了《論眞正戰爭的概念》的公開講演，他指出這場民族自衞戰爭的正義性及其重大意義，並把德意志民族將為之奮戰的偉大理念與他們的敵人的卑鄙原則作了鮮明對照，他號召每一個正直的德國人都要踴躍參加這一場正義的戰爭。他說：「哪裡普遍的自由和每個人的自由受到威脅，哪裡就有眞正的戰爭。……因此每一個人都要親自參加，而不是由別人代替，……這是生與死的搏鬥」⑲。當時他正參加柏林後備軍操練，操練一畢，他就全副戎裝回到會場作演講，他的行動顯

---

⑱ 《費希特書信選》，第312頁。

⑲ 《費希特全集》，巴伐利亞州科學院版，第2輯，第2卷，第412頁。

示了一個眞正的愛國主義的知識分子典範，在聽衆中起了極大的鼓舞作用。

1813年下半年，自由解放戰爭節節勝利，拿破崙即將全軍覆滅，費希特深深擔憂這場自由解放戰爭變成侵略掠奪戰爭。爲此，他從人道主義立場出發，要求戰爭應理智地進行，絕不能成爲野蠻的戰爭。他在一封給希席格的信中，以福柯這個朋友的行爲爲例，說明當戰爭初期需要全民參戰時，每一個正直的人就應當在他內心的天平上把倫理的法碼拿走，從而以他公開的參戰行爲來加強戰爭決定的實際力量，但是，當戰爭已取得了勝利或勝利在望時，我們就應當從倫理的角度作出人道主義的考慮。他說：「戰爭並不以來比錫戰役爲結束，上帝不想就這樣結束！戰爭必定要進行下去，而且要比迄今所進行的更理智地進行下去，更要有道德地、文明地、而不是無教養地、野蠻地進行下去」[20]。他還反問道：「難道除了殺死幾個法國人，他就不能更好地爲德國戰爭的公共事業服務嗎」[21]？哲學家畢竟不同於一般的民衆，祖國的挫折並未使他悲觀失望，戰爭的勝利也未使他失去理智，無論失敗還是勝利，哲學家都會按照自己眞誠的信念作出正確的判斷。

1813年的格羅斯貝倫和丹納維茨戰役，普軍大敗法軍，保衞了柏林，但全城擠滿了無數傷員戰士，政府當局鑑於醫務人員有限，請求婦女參加傷員護理工作，費希特夫人滿懷與她丈夫同樣的熱情積極投入這一救護行列。1813年整個冬季她都不停地戰鬥在醫院裡，不幸於次年正月感染了惡性發燒，並有生命的危險。

---

[20] 《費希特書信選》，第286頁。

[21] 《費希特書信選》，第286頁。

此時費希特正在柏林大學開講哲學課程，白天不離左右地照顧他的妻子，晚間趕去上課，誰知當他妻子病勢好轉時，他卻被這種疾病嚴重地傳染上了，多次醫治無救，死神終於向他招手了。在他彌留之際，聽說普軍大元帥布呂席率領大軍越過萊茵河，他最後一次從內心感到勝利的喜悅。

1814年1月29日，一個偉大的哲學家、民主主義者、愛國主義者和人道主義戰士的心臟停止了跳動。費希特終於以他五十二年的短暫歲月匆匆地走完了他的人生旅程。

十一、活著的費希特

費希特和他的知識學在他生活的年代就已經發生了很大影響，這一點只要我們粗粗去查一下賴因霍爾德、謝林以及當時浪漫派的觀點就可以清楚看出來。正如我們前面所說過的，賴因霍爾德這位康德大弟子，本來自以爲他的以意識命題爲出發點的基礎哲學乃代表了康德批判哲學的最新發展，一當他理解了費希特的知識學後，他立即心悅誠服地拋棄了自己的基礎哲學而接受了費希特的知識學，認爲費希特的知識學猶如我們衣服的領子一樣指導了我們的哲學研究 。 謝林是以研究費希特開始他的學術生涯， 並以自己能在眞理國度歡迎這位新英雄而感到自豪，在他1797年發表的《現代哲學文獻概論》（以後更爲確切的書名《知識學唯心論集解》）中，認爲費希特的知識學是比康德學說「更高的哲學」，特別是在他於1800年出版的《先驗唯心主義體系》這部可以作爲他的代表作的著作中 ， 完全仿照費希特的哲學模式，把哲學體系看作自我意識的發展，他說：「我們由以出發的自我意識，是唯一的絕對活動，不僅自我本身及其所有規定性是由這一活動確立起來的，而且所有其他一般地爲自我而確立的東西也是由這一活動確立起來的」❶， 按照謝林的看法，這種自我意識的活動可以分爲兩種活動，即觀念的活動和實在的活動，而

---

❶ 謝林：《先驗唯心主義體系》，商務印書館，1977年，第53頁。

這兩種活動分別構成先驗唯心論的理論哲學和實踐哲學。這裡，正如黑格爾所分析的，「如果我們先考察他的先驗唯心主義體系，就可看到，它是以費希特哲學爲出發點，他自命爲一個費希特派」❷。費希特哲學在德國浪漫派那裡採取了一種詩意的、預言式的或仰望式的形式，以消除它在哲學思辨中的那種缺乏精神的枯燥乏味內容，在弗里德里希、封・施雷格爾那裡，費希特的自我表現爲一種具體的安靜的消極形式，即諷刺（Ironie）主體善於嘲笑一切，儘管嘲笑可以掌握一切可能的內容，但它並不嚴肅地對待任何東西，而只是對一切形式開玩笑；而在施萊爾馬赫那裡，費希特的自我則表現爲一種信仰式的虛幻性，即宗教，主觀性爲了安身立命，以它的全部力量轉向了權威的東西，向權威的東西低頭。擁抱外在的東西，以便尋求自己內心的需要。

時代號召人追求生命，追求精神，費希特的哲學正順應了這一要求，以使它成爲時代精神的反映。這一點卽使對於費希特本人來說，也是淸楚明白的，他在1800年9月18日寫給賴因霍爾德的信中就說過：「我從未想到把某種價值歸功於我，費希特，或者進一步說，是他，這個費希特做出了這個發現。眞正做出這個發現的是時代、自然、上帝」❸。正因爲費希特哲學適應了時代精神，所以它必然成爲這個時代的主旋律和最強音，以致在當時德國哲學領域內造成了一場新的革命。黑格爾在其《哲學史講演錄》中是這樣對費希特作了一個經典的評價：「費希特完成了康德主義，給了他的時代以一個很大的激動。……費希特的哲學在

❷ 黑格爾：《哲學史講演錄》，第4卷，商務印書館，1981年，第344頁。

❸《費希特書信選》，第306頁。

哲學的外部現象裡構成了一個重要的階段。從他和他的方法裡出現了抽象思維、推演和構造。費希特哲學曾經在德國造成了一個革命」❹。按照黑格爾的看法，費希特哲學的最大優點和重要之點，在於它指出了哲學必須從最高原則出發，從必然性推演出一切具體的科學，其偉大之處在於指明原則的統一性，並試圖從其中把意識的整個內容一貫地、科學地發展出來，或者更正確地說，構造整個世界。

不過，黑格爾也尖銳地指出了費希特哲學的缺陷，費希特雖然讓哲學精神返回到自我，返回到自我意識，但這只是一種空虛的自我的自我意識，這種自我只是充滿了有限性、個別性，非自在自為的內容，因此這種自我需要進一步加以發展，成為一個自覺的無限的普遍的自在自為的精神，因為「哲學的要求卻在於包含一個活生生的理念，世界是一朵花，這花永恆地從那唯一的種子裡生長出來」❺。按照黑格爾自己的觀點，作為自在自為的精神的這個絕對理念，應從邏輯學的「存在」開始，經過在邏輯學、自然哲學和精神哲學中的長途跋涉，最終在他的絕對精神中回復到了自身，因此他認為，費希特以後德國古典哲學的發展，特別是通過謝林的自然哲學到他自己絕對理念學說的發展，正是對費希特哲學這一缺陷的克服，以致費希特哲學構成了他的絕對理念學說的一個必要的而又需加以揚棄掉的環節。

綜觀費希特哲學從他從事哲學活動開始直至十九世紀二十年代的影響和發展，我們可以借用德國哲學史家文德爾班（W. Windelband）的話來說，這是把世界理解為理性體系的唯心主

❹ 黑格爾：《哲學史講演錄》，第4卷，第334頁。
❺ 同上書，第311頁。

義全面進軍而取得徹底勝利的時期：

「費布特敢於揚棄物自體概念，他所規定的原則決定了唯心主義發展的主要路線的方向。存在與意識的關係只能用意識來解釋，只能根據下述事實來解釋——意識『注視自己的行為』從而既創造了經驗的現實系列又創造了經驗的觀念系列，即既創造了對象，又創造了有關對象的知識。因此，知識學問題就是把世界理解為理性活動必然的關聯整體，解決此問題的方向只能這樣進行：在進行哲學推理的理性方面，『反省』意識到自己的行為以及為此而不可缺少的東西。因此，在這理性體系裡起作用的必然性不從屬於因果關係，而從屬於目的論。獨斷思想體系將理智理解為事物的產物，而唯心主義思想體系則將理智發展為行為的內在的合目的的關聯，其中有些行為有助於產生對象。哲學思維的進展不應基於這種認識；因為某物存在，所以另一物存在，而應按照這樣的主導思想發展，即為了要某物發生，另一物也必須發生。每一理性行為有一個任務，為了要完成這個任務，它就需要另外的行為，從而又有另外的任務，而為了完成這些任務所需要的所有活動的統一的合目的的關聯系列便是理性體系，即『意識史』」❻。

按照文德爾班的看法，這一以建立理性體系來解釋世界的唯

❻ 文德爾班：《哲學史教程》，下卷，商務印書館，1993年，第812-813頁。

心主義思潮始於費希特，而完成於黑格爾。費希特所規定的原則決定了這一唯心主義的主要路線的方向，其中尤以辯證法作爲它的主要思維模式。當康德宣稱理性不可解決有關上帝、靈魂和自由意志諸問題時，費希特以他的實踐的知識學衝破了這一理論的禁區：非我是自我爲了存在和行動所設置起來的手段，存在不是自我行爲之因，而是爲了行爲，存在被自我創造出來。費希特這一觀點的圓滿完成則是黑格爾的邏輯唯心主義，按照黑格爾，不論是費希特的自我本原行動，還是謝林的理智直觀，都沒有上升到概念的形式，如果現實的東西都是心靈的表象，那麼形而上學必然與邏輯學合一，邏輯學必須作爲辯證必然性去發展精神的創造性的自我運動。心靈用以剖析自身內容的概念是現實的範疇，是宇宙生活的形式，所以哲學的任務就是將這些形式作爲單一的統一的發展因素來理解，哲學所擔負的最崇高的任務就是將世界理解爲神聖精神所規定的內容的開展，從而就哲學知識而言，理性體系就是獨一無二的實在。

自十九世紀三十年代起，由於現代自然科學的發展和英國經驗派哲學的影響，以建立理性體系爲目標的這種唯心主義發展方向受到了抑制，或者說，這種唯心主義朝著另一種試圖從純粹經驗科學立場出發，按照科學方向建立一門經驗的思維科學的方向發展，這是一種試圖建立一門與哲學相脫離的心理學的思潮，它是對思辨思維高度緊張而產生的一種自然反應。即使就這一發展方向而言，我們也不能不看到費希特的知識學的影響。正如現代心理學史所表明的，現代科學的心理學誕生於1850年的德國，除了哲學的經驗學派和感覺生理學的實驗研究是其主要來源外，我們也不能忽視費希特的知識學對它的重要影響，費希特至少給心理學提供了三個基本概念：意識、自我的活動以及這種活動的最終表現形式意志。例如威廉・馮特（W. Wundt）在他從自己的生理心理學出發逐漸形成一種「哲學體系」時，就認爲世界是一種意志個性的活躍的關聯整體，他在他的形而上學中利用了費希特關於活動的概念。唯意志論是十九世紀具有最鮮明特色的心理學思潮，它的代表人叔本華把那種只以本身爲目標的、晦暗的本能衝動稱之爲生存意志，實際上就是費希特的自我或意識登峰造極的發展，按照文德爾班的說法，這種唯意志論乃是「經驗科學採取了康德和費希特的哲學觀點從理論理性轉向實踐理性的形式」❼。

不過，我們似乎不應當過分誇大費希特在這一時期的作用，因爲十九世紀從總體來說，既是一種以自然科學爲基礎的唯物主義哲學發展的世紀，又是一種非理性主義思潮發展的世紀，費希特的知識學從根本上說與這兩個發展方向是不相合拍。儘管在這兩個相反的思潮發展過程中，尤其是在後一思潮的發展過程中，費希特的知識學曾被利用，但在很大程度上這種利用是基於某種誤解而造成的，例如上面提及的叔本華的唯意志論，以及哈特曼的無意識哲學，這兩種非理性主義理論實際上是對德國唯心主義黃金時代的唯理智論的反動，無論是叔本華的生存意志，還是哈特曼的無意識，都是模棱兩可、含糊不清的概念，因此它們和費希特的清晰能動的自我概念或意識概念是水火不相容的。

如果我們把從費希特哲學生涯開始直至十九世紀二十年代作爲費希特和他的知識學發生影響的第一個重要時期，那麼二十世

---

❼ 文德爾班：《哲學史教程》，下卷，第881頁。

紀，特別是二次世界大戰之後，就構成費希特和他的知識學發生影響的第二個重要時期。在本世紀初，卽 1908 年至 1912 年，F・梅廸庫斯 (Medicus) 以六卷本形式出版了《費希特著作選集》，其最鮮明的特色是，與費希特兒子 I・H・費希特在上一世紀三、四十年代出版的經過竄改的全集版和遺著版相比較，這部選集原則上回到了費希特生前出版的版本，因而其可信程度大爲增強。與此同時，費希特遺著的各種版本也紛紛開始出版：W・卡比茨 (Kabitz) 1902 年出版的費希特的早期著作和書信草稿；F・布赫賽爾 (Büchsel) 1914 年出版費希特關於上帝和不朽的思想的演講錄；M・龍采 (Runze) 1918年出版費希特的布道詞，1919 年出版了費希特的日記拾遺；1920 年，H・舒爾茨 (Schulz) 按照一份從未發表過的手稿出版了費希特的法學著作，並在1923年出版一部很有價値的傳記性著作《從同代人親密通信中看費希特》；繼後，S・貝格爾 (Berger) 1924年發表了費希特關於哲學中的精神實質和咬文嚼字的講演集，H・舒爾茨1925年重新編輯出版了費希特書信的兩卷本批評版本。這些著作的重新整理和公開出版，無疑爲清除上一世紀對費希特知識學的誤解以及使費希特思想在二十世紀進一步傳播和影響起了很大的推動作用。

如果我們略過兩次世界大戰期間對費希特的錯誤理解以及被當作民族主義、種族主義加以利用的話，那麼五、六十年代可以說是一場新的費希特復興運動正在開始。1962 年是費希特誕生200周年，1964年是費希特逝世150周年，德國新一代的費希特研究者利用這一機會，在哲學界展開了一場重新認識和重新評價費希特的運動。按照上一世紀的看法，費希特在哲學上只是從康德過渡到謝林、黑格爾的橋樑，在政治上只是國民思想家和統一德國的首創者，而在本世紀，人們突破了這一框框，對費希特在哲學和社會政治理論方面的貢獻作了新的探索性的研究。這一復興運動突出了費希特哲學是先驗哲學的典型。按照這一運動中心成員、慕尼黑大學R·勞特（Lauth）教授的看法，哲學應當是在批判先驗認識的基礎上形成的自覺的體系，而唯一的代表只有費希特哲學。我思故我在在近代儘管是笛卡爾首先提出來的，但經過康德，最後是由費希特加以完成的，而謝林和黑格爾不僅沒有把費希特哲學發展成為更高級的哲學，反而從費希特哲學退後到獨斷的形而上學哲學了，因此勞特認為，那種所謂黑格爾哲學的出現已使費希特知識學失去意義的看法，是不可取的，黑格爾對知識學所做的批判，非但未達到費希特那種絕對統一觀點，反而把自然和理智、實體和主體相互對立起來。按照勞特的看法，費希特的知識學是先驗哲學中唯一能提供系統答案和整體知識的體系，如果這種知識是人生實踐的前提的話，那麼知識學就有了特殊的意義。在勞特的倡議下，國際費希特學會於 1977 年正式成立，在此學會下形成了兩個學派，即慕尼黑學派和科隆學派。國際費希特學會致力於費希特的知識學、實踐哲學和哲學史三大部分的研究，其中心任務就是我們後面要講到的費希特全集新版本的編輯和出版。

在談到費希特在本世紀的影響時，我們也應當補充一下費希特在本世紀二次大戰期間對我們中國的影響。在本世紀初，梁啓超寫了一篇「非斯人生天職論評述」，這是我國最早闡述費希特思想以激勵我們中國人的著作之一，按照賀麟先生的回憶，梁先生此文寫於日本提出二十一條要求時，「係由於國難當前而發」。

1931 年「九・一八」事變，在日本侵略我國東北的國難當頭時候，賀麟先生有感百年之前的德國，蹂躪在拿破崙鐵蹄之下，德國大思想家、文學家和哲學家莫不痛憤警策，其中尤以費希特臨危不懼、愛國演說，投入熱烈的救亡運動，出版了一本小册子《德國三大哲人處國難時的態度》，以「希望此書不僅是激勵愛國思想一時的興奮劑，而且可以引起我輩青年們尙友千古，資以求學與修養的良伴與指針」[8]。在賀麟先生的創導下，費希特在我國學人當中發生了很大影響，一時間費希特的《對德意志民族的講演》出了三、四種譯本，有些有志的青年人甚至拿著這本書奔上了抗日救國的戰場，其情眞可謂可歌可泣。

最後，我們需介紹一下費希特著作編輯出版概況。費希特生前只發表了他的著作單行本，並未考慮也不能考慮出版他的全集本，因他最後生活的年代是不幸的戰爭年代。最早編輯他的全集本的是他的兒子 I・H・費希特（1796-1879）。小費希特在 1830-1831 年首先編輯出版了費希特傳和書信集《費希特生平和學術通信》，繼後在1834-1835年編輯出版了《費希特遺著集》三卷，最後在 1845-1846 年編輯出版了第一部《費希特全集》共八卷。按照編者意見，這部全集版既應按著作發表時間的順序，又應把內容相近的著作編排在一起，因此他將全集本分爲三個部分：第 1-2 卷爲理論哲學著作；第 3-5 卷爲法學、倫理學以及宗教哲學著作；第 6-8 卷爲政治、道德和歷史哲學的通俗著作和雜文集。這部全集有一個很大的缺點，編者通過修改書寫方式，增減標點，潤色文章風格，從而改變了原文的結構，特別是

[8] 賀麟：《德國三大哲人歌德、黑格爾、費希特的愛國主義》，商務印書館，1989年，第5頁。

對費希特遺著的處理，其修改的程度遠比黑格爾遺著在友人版中被修改得更甚，因而其可信程度大大降低。

費希特著作的這種不能令人滿意的編輯情況延續到二十世紀初，此時不僅發表和出版了一些原全集版沒有收入的著作草稿，而且也發現有些收入全集的著作遭到可怕的竄改，爲此，F·梅廸庫斯（Medicus）在1908-1912年間重新編輯出版了《費希特著作選集》六卷本，這部選集在編輯加工方面，嚴格按照費希特生前出版的版本，因而可信程度大大增強，是人們以後援引費希特著作的可靠版本。不過，這個版本不足之處，它不是全集，而是選本，因此在1926年，M·馮特（Wundt）提出了一個要出版「全新的可靠的完整的版本」的要求，他說:「爲了適合費希特遺著的獨特性，這個新版本必須將已發表的作品、未發表的作品、著作、講演和筆記嚴格按照時間順序編排，以便它能向我們展示出一幅關於這位偉大思想家的創作的眞正畫面」[9]。馮特在他的這一要求中並未提及書信，原因是1925年H·舒爾茨(Schulz)已出版了一部較好的《費希特書信集》版本，共2卷。

馮特的要求在第二次世界大戰期間當然不可能實現，即使在戰後十年間由於醫治戰爭創傷恢復經濟工作，也不可能完成，直到五十年代，H·雅可布（Jacob）和R·勞特才開始進行這一工作。1957年，在報導黑格爾全集新版工作的同時，勞特第一次公開報導了費希特全集出版計劃，隨後1959年，在巴伐利亞州科學院成立了「費希特全集編輯委員會」，計劃出三十卷的費希特全集新版本，共分四輯出版，第1輯爲著作輯，第2輯爲遺著

[9] 馮特:〈費希特〉，載《哲學文獻報導》，1926年，第8期，第11頁。

輯，第 3 輯爲書信輯，第 4 輯爲演講集。全集本一方面嚴格按照時間順序編排，力圖達到絕對的完整性，另一方面嚴格進行考證和注釋，力圖達到完全的可信性。1962年出版了這套全集本第 2 輯中的第 1 卷，1964年出版了第 1 輯中的第 1 卷，直至今天已有20餘卷相繼出版，不久即可完成全部的編輯整理和出版工作。

年　表

1762年　５月19日，費希特生於拉曼勞（Rammenau）村，其父爲織帶匠克里士蒂安・費希特（Christian Fichte），母親名叫約翰娜・瑪麗亞・杜洛蒂（Johanna Maria Dorothea）。

1770年　恩斯特・哈博德・封・密爾鐵茲（Ernst Haubold von Miltitz）帶費希特到奥伯勞（Oberau），不久讓他到尼德勞（Nrederau）的牧師克里培（Krebel）處受教育。

1774年　費希特在邁森進拉丁語學校。

1774-1780年　費希特進拉姆堡附近的普福達貴族學校。

1780-1784年　費希特先後在耶拿、符騰堡和來比錫大學研究神學和法學。

1784年　費希特在來比錫附近任家庭教師。

1788年　費希特撰寫論文〈一個不眠之夜的浮想〉，對當時整個社會的道德敗壞現象進行譴責。

1788-1790年　1788年９月至1790年３月在蘇黎世任家庭教師，並在這裡結識約翰娜・拉恩（Johanna Rahn）小姐，不久他兩人相愛。

1790年　費希特在來比錫任家庭教師。由於一個大學生請求講解康德的《純粹理性批判》，費希特立卽被康德哲學所吸引而成爲康德哲學的崇拜者。

1791年 費希特原計劃3月返回蘇黎世，與拉恩小姐完婚，但由於哈特曼・拉恩先生的商業倒閉而推遲回蘇黎世。5月，長途跋涉去華沙，在一貴族家庭任私人教師，不久由於貴族夫人的驕橫而被辭退。6月25日從華沙旅行到哥尼斯堡，7月1日到達，隨即拜訪康德，並以他的一篇論著《試評一切天啓》作爲推薦信。

1791-1792年 該年秋天至下一年秋季，費希特去但澤(Danzig)，在克羅柯夫（Krokow）伯爵家任家庭教師。1792年復活節《試評一切天啓》出版。因爲匿名出版，被認爲是康德著作，由於康德作了申明，費希特聲名大振。

撰寫論述法國大革命的政治著作：《向歐洲各國君主索回他們迄今還在壓制的思想自由》和《糾正公衆對於法國革命的評論》。

1792年 費希特仍在但澤，準備與約翰娜・拉恩小姐結婚。

1793年 4月，《向歐洲各國君主索回他們迄今還在壓制的思想自由》出版。5月發表《糾正公衆對於法國革命的評論》第一部分。6月從但澤經哥尼斯堡到蘇黎世。10月22日與拉恩小姐結婚。秋末費希特構思他的《知識學》基本觀念，寫出〈評「埃奈西德穆」〉、〈對於基礎哲學的獨自沉思〉和〈實踐哲學〉。

1794年 2月發表《糾正公衆對於法國革命的評論》第二部分，以及〈評「埃奈西德穆」〉。4月撰寫〈論知識學或所謂哲學的概念〉。5月18日到達耶拿大學接任賴因霍爾德的哲學教席，正式開講《知識學》。撰寫《論學者的使命》和《全部知識學的基礎》。

1794–1795年　繼續撰寫《全部知識學的基礎》。

1795年　撰寫《從理論能力略論知識學的特徵》。爲席勒主編的《時序》文藝雜誌撰寫〈論哲學中的精神實質和咬文嚼字〉，引起席勒的誤解。費希特試圖解散大學生教團，從而導致反對費希特活動，費希特暫時在奧斯曼避居。9月岳父拉恩先生去逝。

1796年　7月18日兒子伊曼努爾·赫爾曼·費希特誕生。費希特撰寫《以知識學原理爲指導的自然法基礎》。

1797年　費希特撰寫《知識學兩篇導論》，《試對知識學的一個新闡述》。

1798年　費希特撰寫《以知識學原理爲指導的倫理學體系》，並在庫爾薩克森與尼德海默爾（Niethammer）創辦《哲學雜誌》，發表福爾貝格的〈宗教觀念的發展〉以及他自己寫的〈論我們信仰上帝統治世界的根據〉，從而受到封建衞道人士和教會反動派的攻擊和控告。

1799年　發表〈費希特向公眾的呼籲〉，並和尼德海默爾作出公開答復〈「哲學雜誌」出版者對無神論控告的法律答辯書〉。3月費希特被免去耶拿大學教授職務，7月單身去柏林。8月康德在耶拿《文匯報》上發表反對費希特的聲明。

1800年　費希特在柏林撰寫和出版《人的使命》和《封鎖的商業國家》。全家遷至柏林。

1800–1803年　費希特與賴因霍爾德、謝林、雅可比斷交，與尼可萊（Nicolai）絕裂。

1804年　費希特在柏林作了三次關於知識學的公開講演。此時他已完成知識學的原理部分。冬季開講《現時代的基本特徵》。

1805年　費希特接受愛爾蘭根普魯士大學的邀請，夏季在該大學講授《論學者的本質》，冬季返回柏林講授《極樂生活的指南》。

1806年　《論學者的本質》、《現時代的基本特徵》和《極樂生活的指南》三書出版。由於俾斯麥違背國家聯盟政策，費希特辭去愛爾蘭根大學職務回到柏林。法軍入侵德國。10月14日普魯士在耶拿和奧爾施泰特戰役中失敗，費希特跟隨普魯士政府逃亡到哥尼斯堡。

1807年　費希特冬季在哥尼斯堡講演。6月哥尼斯堡被法軍佔領，費希特逃亡到哥本哈根。由於德法媾和，費希特9月返回柏林，起草籌建柏林大學演繹計劃書。

1808年　費希特在柏林進行14次《對德意志民族的講演》。被選爲巴伐利亞州科學院院士。費希特和他的家人生病，暫去臺普尼茨療養。

1810年　費希特撰寫和出版《知識學的一般輪廓》。柏林大學正式成立，費希特任哲學系主任。

1811年　費希特當選爲柏林大學第一任選舉產生的校長。

1812年　由於大學生打架，費希特提前辭去柏林大學校長職務。撰寫〈學院自由唯一可能的干擾〉。開講《意識的事實》、《知識學》、《先天邏輯》、《法律學》和《倫理學》。

1813年　3月普魯士國王頒布《告國民詔書》，自由解放戰爭爆發。費希特講座中斷，他親自參加柏林後備軍實習軍事操練。夏季重新開始講座，公開講演《論眞正戰爭的概念》。

1814年　1月3日，費希特夫人約翰娜得病，費希特精心照顧，不幸感染，1月29日費希特去世。

參考書目

一、費希特的主要著作：

甲、單行本

1. 《試評一切天啓》(*Versuch einer Kritik aller Offenbarung*)，哥尼斯堡，1792，²1793，柏林，³1871。
2. 《向歐洲各國君主索回他們迄今還在壓制的思想自由》(*Zurückforderung der Denkfreiheit von den Fürsten Europens, die sie bisher unterdrückten, Eine Rede*)，但澤，1793，耶拿，1916，來比錫，1919。
3. 《糾正公眾對於法國革命的評論》(*Beiträge zur Berichtigung der Urteile des Publikums über die französische Revolution*)，但澤，1793/1794。
4. 《評〈埃奈西德穆〉》(*Rezension des Aenesidemus oder Über die Fundamente der vom Herrn Prof. Reinhold in Jena gelieferten Elementarphilosophie*)，耶拿《文匯報》，1794，第47-49期。
5. 《論知識學或所謂哲學的概念》(*Über den Begriff der Wissenschaftslehre oder sogenannten Philosophie*)，魏瑪，1794，耶拿／來比錫，²1798。

6. 《全部知識學的基礎》(*Grundlage der gesamten Wissenschaftslehre, als Handschrift für seine Zuhörer*), 耶拿/來比錫, 1794/1795, 蒂賓根, ²1802, 耶拿和來比錫, 修改版1802 (中譯本: 《知識學基礎》, 程始仁譯, 商務印書館, 1936; 《全部知識學的基礎》, 王玖興譯, 商務印書館, 1986)。

7. 《關於學者的使命的若干演講》(*Einige Vorlesungen über die Bestimmung des Gelehrten*), 耶拿, 1794 (中譯本: 《論學者的使命》, 梁志學譯, 商務印書館, 1981)。

8. 《從理論能力略論知識學的特徵》(*Grundris des Eigentümlichen der Wissenschaftslehre*), 耶拿, 1795, 蒂賓根, ²1802, 耶拿/來比錫, 修改版, 1802。

9. 《以知識學原理爲指導的自然法基礎》(*Grundlage des Naturrechts nach Prinzipien der Wissenschaftslehre*), 耶拿/來比錫, 1796。

10. 《知識學兩篇導論》(*Erste und zweite Einleitung in die Wissenschaftslehre*), 《哲學雜誌》, 1797, 第5-6期。

11. 《試對知識學的一個新闡述》(*Versuch einer neuen Darstellung der Wissenschaftslehre*), 《哲學雜誌》, 1797。

12. 《以知識學原理爲指導的倫理學體系》(*Das System der Sittenlehre nach den Prinzipien der Wissenschaftslehre*), 來比錫/耶拿, 1798。

13.《論我們信仰上帝統治世界的根據》(*Über den Grund unseres Glaubens an eine göttliche Weltregierung*),《哲學雜誌》, 1798, 第8期。

14.《人的使命》(*Die Bestimmung des Menschen*), 柏林, 1800, ^{2}1838 (中譯本:《人的天職》, 樊星南和顧壽觀譯, 商務印書館, 1947;《人的使命》, 梁志學和沈眞譯, 商務印書館, 1982)。

15.《封閉的商業國家》(*Der geschlossene Handelsstaat*), 蒂賓根, 1801。

16.《論學者的本質及其在自由領域內的表現》(*Über das Wesen des Gelehrten und seine Erscheinungen im Gebiete der Freiheit*), 愛爾蘭根, 1805。

17.《現時代的基本特徵》(*Die Grundzüge des gegenwärtigen Zeitalters*), 柏林, 1806。

18.《極樂生活的指南, 或宗教學說》(*Die Anweisung zum seligen Leben, oder auch die Religionslehre*), 柏林, 1806, ^{2}1828。

19.《對德意志民族的講演》(*Reden an die deutsche Nation*), 柏林, 1808, 來比錫, 1824。

20.《意識的事實》(*Die Tatsachen des Bewusstseins*), 斯圖加特/蒂賓根, 1817。

乙、著作集

1.《費希特遺著集》(*J. G. Fichtes Nachgelassene Werke*), 三卷本, I. H. 費希特編, 波恩, 1834-1835;

1925,1962。

2.《費希特全集》(*J. G. Fichtes sämtliche Werke*), 八卷本, I. H. 費希特編, 柏林, 1845-1846; 1965。

3.《費希特著作選集》(*J. G. Fichtes Werke, Auswahl in sechs Bänden*), 六卷本, F・梅廸庫斯(Medicus) 編, 來比錫, 1908-1912; 1954, 1962。

4.《費希特著作集》(*Fichtes Werke*), 十一卷本(係重印 I. H. 費希特編的《費希特全集》和《費希特遺著集》), 柏林, 1971。

5.《費希特全集巴伐利亞州科學院版》(*J. G. Fichte Gesamtausgabe der Bayerischen Akademie der Wissenschaften*), R・勞特 (Lauth)、H・雅可布 (Jacob)、H・格里維茨基 (Gliwitzky) 編, 慕尼黑, 1962—。

丙、書信及其他

1.《費希特生平及學術通信》(*J. G. Fichtes Leben und Literarischer Briefwechsel*), 兩卷本, I. H. 費希特編, 舒茨巴赫, 1830-1831, 來比錫, [2]1862。

2.《費希特書信集》(*Fichtes Briefe*), E・伯爾格曼 (Bergman) 編, 來比錫, 1919。

3.《從同代人親密通信中看費希特》(*Fichte in vertraulichen Briefen seiner Genossen*), H・舒爾茨 (Schulz) 編, 來比錫, 1923。

4.《費希特書信集》(*J. G. Fichtes Briefwechsel*), 兩

卷本，F・舒爾茨（Schulz）編，來比錫，1925; ²1930。
5.《費希特書信選》（*J. G. Fichtes Briefe*），M・布爾（Buhr）編，來比錫，1961；擴大版，1986。
6.《同時代人談論中的費希特》（*J. G. Fichte im Gespräch. Berichte der Zeitgenossen*），E・福赫斯（Fuchs）編，三卷，斯圖加特，1978-1981。

二、研究費希特的主要著作：

1. 阿丹姆森（Adamson），R.，《費希特》（*Fichte*），愛丁堡／倫敦，1881。
2. 卡里爾（Carriere），M.，《論費希特的精神發展》（*Fichtes Geistesentwicklung*），慕尼黑，1894。
3. 埃維雷特（Everett），C. C.，《費希特的知識學》（*Fichte's Science of Knowledge, A Critical Exposition*），芝加哥，1884。
4. 費舍（Fischer），K.，《費希特的生活、著作和學說》（*Fichtes Leben, Werke und Lehre*），海德堡，1914。
5. 費舍（Fischer），K.，《J. G. 費希特及其先驅》（*J. G. Fichte und seine Vorgänger*），海德堡，1890。
6. 古爾威希（Gurwitsch），G.，《費希特具體倫理學體系》（*Fichtes System der konkreten Ethik*），圖賓根，1924。
7. 海因茨（Heinz），H.，《費希特》（*Fichte*），慕尼黑，1923。
8. 赫希（Hirsch），E.，《費希特的宗教哲學》（*Fichtes*

Religionsphilosophie)，柏林，1914。

9. 雅洛（Jalloh），C. M.,《費希特對康德的解釋和知識學說》(*Fichte's Kant-interpretation and the doctrine of Science*)，普林斯頓大學出版社，1988。

10. 卡比茨（Kabitz），W.,《費希特知識學發展史研究》(*Studien zvr Entwicklungsgeschichte der Fichteschen Wissenschaftslehre*)，柏林，1902。

11. 柯赫(Koch), R.F.《費希特的自我意識理論》(*Fichtes Theorie des Selbstbewusstseins*)，維爾茨堡，1989。

12. 拉斯克（Lask），E.,《費希特的唯心主義及其發展史》(*Fichtes Idealismus und die Geschichte*)，蒂賓根／來比錫，1902。

13. 勞特（Lauth），R.,《J. G. 費希特的整體哲學觀》(*J. G Fichtes Gesamtidee der Philosophie*)，《哲學雜誌》，7(1964)。

14. 勞特 (Lauth), R.,《謝林同一哲學產生於與費希特知識學(1795-1801)的爭論》(*Die Entstehung von Schellings Identitätsphilosophie in der Auseinandersetzung mit Fichtes Wissenschaftslehre* (1795-1801))，弗賴堡，1975。

15. 萊昂 (Léon), X.,《費希特哲學》(*La Philosophie de Fichte*)，巴黎，1902。

16. 勒維（Löwe），J. H.,《費希特的哲學》(*Die Philosophie Fichtes*)，斯圖加特，1862。

17. 梅迪庫斯（Medicus），F.,《費希特》(*Fichte*)，柏林，

1905。

18.梅迪庫斯（Medicus），F.,《費希特傳》（*Fichtes Leben*），來比錫，1914,²1922。

19.紐豪塞（Neuhouser），F.,《費希特的主體性理論》（*Fichte's Theory of Subjectivity*），劍橋大學，1990。

20.施米德（Schmid），A.,《費希特哲學及其內在統一問題》（*Fichtes Philosophie und das Problem ihrer inneren Einheit*），弗賴堡，1904。

21.施瓦伯（Schwabe），G.,《費希特和叔本華的意志論》（*Fichtes und Schopenhauers Lehre von Willen*），耶拿，1882。

22.舒爾特（Schulte），G.,《費希特後期知識學》（*Die Wissenschaftslehre des späten Fichte*），法蘭克福，1977。

23.塔爾博特（Talbot），E. B.,《費希特哲學基本原理》（*The Fundamental Principle of Fichte's Philosophy*），紐約，1906。

24.坦普爾（Tempel），G.,《費希特的藝術觀》（*Fichtes Stellung zur Kunst*），施特拉斯堡，1902。

25.湯姆森（Thompson），A. B.,《費希特知識學的統一》（*The Unity of Fichte's Doctrine of Knowledge*），波斯頓，1895。

26.沃爾納（Wallner），N.,《政治思想家費希特》（*Fichte als politischer Denker*），柏林，1926。

27.維塞德爾（Weischedel），W.，《早期費希特》（*Der frühe Fichte*），斯圖加特，1973。

28.維德曼（Widmann），J.，《先驗知識的基本結構》（*Die Grnudstruktur des transzendentalen Wissen*），漢堡，1977。

29.維德曼（Widmann），J.，《費希特哲學引論》（*J. G. Fichte: Einführung in seine Philosophie*），柏林，1982。

30.沃爾岡（Wollgang），J.，《費希特論存在與反思——批判理性基礎》（*Fichte: Sein und Reflexion—Grundlagen der Kritischen Vernunft*），柏林，1970。

31.馮特（Wundt），M.，《J. G. 費希特》（*J. G. Fichte*），斯圖加特，1927。

人名索引

四畫

五畫

六畫

七畫

八畫

九 畫

十 畫

十一畫

十二畫

十 三 畫

十 四 畫

十 五 畫

十 六 畫

十七畫

十八畫

十九畫

二十畫

主 題 索 引

二 畫

三 畫

四 畫

五 畫

六　畫

七　畫

八　畫

九　畫

十　畫

十一畫

十二畫

十 三 畫

十 四 畫

十 五 畫

十六畫以上

世界哲學家叢書(十)

書名	作者	出版狀況
希克	劉若韶	撰稿中
尼布爾	卓新平	已出版
默燈	李紹崑	撰稿中
馬丁・布伯	張賢勇	撰稿中
蒂里希	何光滬	撰稿中
德日進	陳澤民	撰稿中
朋謌斐爾	卓新平	撰稿中

世界哲學家叢書㈨

書名	作者	出版狀況
維根斯坦	范光棣	已出版
艾耶爾	張家龍	已出版
賴爾	劉建榮	撰稿中
奧斯丁	劉福增	已出版
史陶生	謝仲明	撰稿中
馮・賴特	陳波	撰稿中
赫爾	馮耀明	撰稿中
帕爾費特	戴華	撰稿中
梭羅	張祥龍	撰稿中
愛默生	陳波	撰稿中
魯一士	黃秀璣	已出版
珀爾斯	朱建民	撰稿中
詹姆斯	朱建民	撰稿中
杜威	葉新雲	撰稿中
蒯因	陳波	已出版
帕特南	張尚水	撰稿中
庫恩	吳以義	排印中
費耶若本	苑舉正	撰稿中
拉卡托斯	胡新和	撰稿中
洛爾斯	石元康	已出版
諾錫克	石元康	撰稿中
海耶克	陳奎德	撰稿中
羅蒂	范進	撰稿中
喬姆斯基	韓林合	排印中
馬克弗森	許國賢	已出版

世界哲學家叢書(八)

書名	作者	出版狀況
柏格森	尚建新	撰稿中
皮亞傑	杜麗燕	已出版
別爾嘉耶夫	雷永生	撰稿中
索洛維約夫	徐鳳林	已出版
馬賽爾	陸達誠	已出版
馬利丹	楊世雄	撰稿中
梅露・彭廸	岑溢成	撰稿中
阿爾都塞	徐崇溫	撰稿中
葛蘭西	李超杰	撰稿中
列維納	葉秀山	撰稿中
德希達	張正平	撰稿中
呂格爾	沈清松	撰稿中
富科	于奇智	撰稿中
克羅齊	劉綱紀	撰稿中
布拉德雷	張家龍	撰稿中
懷特海	陳奎德	已出版
愛因斯坦	李醒民	撰稿中
玻爾	戈革	已出版
卡納普	林正弘	撰稿中
卡爾・巴柏	莊文瑞	撰稿中
坎培爾	冀建中	撰稿中
羅素	陳奇偉	撰稿中
穆爾	楊樹同	撰稿中
弗雷格	王路	已出版
石里克	韓林合	已出版

世界哲學家叢書(七)

書名	作者	出版狀況
費爾巴哈	周文彬	撰稿中
恩格斯	李步樓	撰稿中
馬克斯	洪鎌德	撰稿中
普列哈諾夫	武雅琴	撰稿中
約翰彌爾	張明貴	已出版
狄爾泰	張旺山	已出版
弗洛伊德	陳小文	已出版
阿德勒	韓水法	撰稿中
史賓格勒	商戈令	已出版
布倫坦諾	李河	撰稿中
韋伯	韓水法	撰稿中
卡西勒	江日新	撰稿中
沙特	杜小真	撰稿中
雅斯培	黃藿	已出版
胡塞爾	蔡美麗	已出版
馬克斯・謝勒	江日新	已出版
海德格	項退結	已出版
高達美	嚴平	撰稿中
漢娜鄂蘭	蔡英文	撰稿中
盧卡契	謝勝義	撰稿中
阿多爾諾	章國鋒	撰稿中
馬爾庫斯	鄭湧	撰稿中
弗洛姆	姚介厚	撰稿中
哈伯馬斯	李英明	已出版
榮格	劉耀中	已出版

世界哲學家叢書(六)

書名	作者	出版狀況
牛頓	吳以義	撰稿中
培根	余麗嫦	撰稿中
托馬斯·霍布斯	余麗嫦	已出版
洛克	謝啓武	排印中
巴克萊	蔡信安	已出版
休謨	李瑞全	已出版
托馬斯·銳德	倪培林	撰稿中
梅里葉	李鳳鳴	撰稿中
狄德羅	李鳳鳴	撰稿中
伏爾泰	李鳳鳴	已出版
孟德斯鳩	侯鴻勳	已出版
盧梭	江金太	撰稿中
帕斯卡	吳國盛	撰稿中
達爾文	王道遠	撰稿中
施萊爾馬赫	鄧安慶	撰稿中
康德	關子尹	撰稿中
費希特	洪漢鼎	已出版
謝林	鄧安慶	已出版
黑格爾	徐文瑞	撰稿中
叔本華	鄧安慶	撰稿中
祁克果	陳俊輝	已出版
尼采	商戈令	撰稿中
彭加勒	李醒民	已出版
馬赫	李醒民	已出版
迪昂	李醒民	排印中

世界哲學家叢書㈤

書名	作者	出版狀況
石田梅岩	李甦平	撰稿中
楠本端山	岡田武彦	已出版
吉田松陰	山口宗之	已出版
福澤諭吉	卞崇道	撰稿中
岡倉天心	魏常海	撰稿中
中江兆民	畢小輝	撰稿中
西田幾多郎	廖仁義	撰稿中
和辻哲郎	王中田	撰稿中
三木清	卞崇道	撰稿中
柳田謙十郎	趙乃章	撰稿中
柏拉圖	傅佩榮	撰稿中
亞里斯多德	曾仰如	已出版
伊壁鳩魯	楊適	排印中
愛比克泰德	楊適	撰稿中
柏羅丁	趙敦華	撰稿中
聖奧古斯丁	黃維潤	撰稿中
安瑟倫	趙敦華	撰稿中
安薩里	華濤	撰稿中
伊本・赫勒敦	馬小鶴	已出版
聖多瑪斯	黃美貞	撰稿中
尼古拉・庫薩	李秋零	撰稿中
笛卡兒	孫振青	已出版
蒙田	郭宏安	撰稿中
斯賓諾莎	洪漢鼎	已出版
萊布尼茨	陳修齋	已出版

世界哲學家叢書（四）

書名	作者	出版狀況
無著	林鎮國	撰稿中
世親	釋依昱	撰稿中
商羯羅	黃心川	撰稿中
維韋卡南達	馬小鶴	撰稿中
泰戈爾	宮静	已出版
奥羅賓多・高士	朱明忠	已出版
甘地	馬小鶴	已出版
尼赫魯	朱明忠	撰稿中
拉達克里希南	宮静	排印中
元曉	李箕永	撰稿中
休静	金煐泰	撰稿中
知訥	韓基斗	撰稿中
李栗谷	宋錫球	已出版
李退溪	尹絲淳	撰稿中
空海	魏常海	撰稿中
道元	傅偉勳	排印中
伊藤仁齋	田原剛	撰稿中
山鹿素行	劉梅琴	已出版
山崎闇齋	岡田武彥	已出版
三宅尚齋	海老田輝巳	已出版
中江藤樹	木村光德	撰稿中
貝原益軒	岡田武彥	已出版
荻生徂徠	劉梅琴	撰稿中
安藤昌益	王守華	撰稿中
富永仲基	陶德民	撰稿中

世界哲學家叢書㈢

書名	作者	出版狀況
澄觀	方立天	撰稿中
宗密	冉雲華	已出版
永明延壽	冉雲華	撰稿中
湛然	賴永海	已出版
知禮	釋慧岳	已出版
大慧宗杲	林義正	撰稿中
袾宏	于君方	撰稿中
憨山德清	江燦騰	撰稿中
智旭	熊琬	撰稿中
康有爲	汪榮祖	撰稿中
譚嗣同	包遵信	撰稿中
章太炎	姜義華	已出版
熊十力	景海峰	已出版
梁漱溟	王宗昱	已出版
胡適	耿雲志	撰稿中
殷海光	章清	排印中
金岳霖	胡軍	已出版
張東蓀	張耀南	撰稿中
馮友蘭	殷鼎	已出版
唐君毅	劉國强	撰稿中
牟宗三	鄭家棟	撰稿中
宗白華	葉朗	撰稿中
湯用彤	孫尚揚	排印中
賀麟	張學智	已出版
龍樹	萬金川	撰稿中

世界哲學家叢書(二)

書名	作者	出版狀況
胡宏	王立新	排印中
朱熹	陳榮捷	已出版
陸象山	曾春海	已出版
陳白沙	姜允明	撰稿中
王廷相	葛榮晉	已出版
王陽明	秦家懿	已出版
李卓吾	劉季倫	撰稿中
方以智	劉君燦	已出版
朱舜水	李甦平	已出版
王船山	張立文	撰稿中
眞德秀	朱榮貴	撰稿中
劉蕺山	張永儁	撰稿中
黃宗羲	吳光	撰稿中
顧炎武	葛榮晉	撰稿中
顏元	楊慧傑	撰稿中
戴震	張立文	已出版
竺道生	陳沛然	已出版
眞諦	孫富支	撰稿中
慧遠	區結成	已出版
僧肇	李潤生	已出版
智顗	霍韜晦	撰稿中
吉藏	楊惠南	已出版
玄奘	馬少雄	撰稿中
法藏	方立天	已出版
惠能	楊惠南	已出版

世界哲學家叢書(一)

書名	作者	出版狀況
孔子	韋政通	撰稿中
孟子	黃俊傑	已出版
荀子	趙士林	撰稿中
老子	劉笑敢	撰稿中
莊子	吳光明	已出版
墨子	王讚源	撰稿中
公孫龍子	馮耀明	撰稿中
韓非子	李甦平	撰稿中
淮南子	李增	已出版
賈誼	沈秋雄	撰稿中
董仲舒	韋政通	已出版
揚雄	陳福濱	已出版
王充	林麗雪	已出版
王弼	林麗真	已出版
郭象	湯一介	撰稿中
阮籍	辛旗	排印中
嵇康	莊萬壽	撰稿中
劉勰	劉綱紀	已出版
周敦頤	陳郁夫	已出版
邵雍	趙玲玲	撰稿中
張載	黃秀璣	已出版
李覯	謝善元	已出版
楊簡	鄭曉江、李承貴	排印中
王安石	王明蓀	已出版
程顥、程頤	李日章	已出版